団体演技でみんなが輝く!

「フラッグ運動」絶対成功の指導BOOK

関西体育授業研究会 著

達成感と見栄えを両立!
運動会の新定番!

動きがわかる! DVD付き

明治図書

付属DVD収録内容一覧

チャプターNO.	技名	ページ
	立ち技	
❶	突き	26
❷	X斬り	26
❸	面	27
❹	侍	27
❺	回転チョップ	28
❻	縦斬り	28
❼	オール	29
❽	ヌンチャク	29
❾	ジャイアントスイング	30
❿	茎わかめ	30
⓫	プロペラ	31
⓬	プロペラ〈持ち手〉	31
⓭	縦旋回	32
⓮	フワフワ	33
⓯	背面回し	34
⓰	傘	35
⓱	ブラインド	35
⓲	隙間から！	36
⓳	魔法つかい	36
⓴	横構え1	37
㉑	横構え2	37
㉒	海賊ポーズ	38
㉓	ロックローラー	38
㉔	持ち替え1	39
㉕	持ち替え2	39
㉖	持ち替え横振り	40
㉗	プロペラ持ち替え	40
㉘	クイック持ち替え	41
㉙	ロケット	41
㉚	横旋回	42
㉛	虹	42
㉜	イナバウワ	43
㉝	塔	43
㉞	マントヒヒ	44
㉟	馬	44
㊱	ゾウ	45
㊲	キリン	45
㊳	レレレのおじさん	46
㊴	えっさ！ほいさ！	46
㊵	穴掘り	47
㊶	ライジングサン	47
㊷	ルンルン	48
㊸	Xジャンプ	48
㊹	エアロビ	49
㊺	ほうき	49
㊻	手首返し	50
	回転技	
㊼	振り返り	51
㊽	突きターン	51
㊾	小回転	52
㊿	大回転	53
51	風車	54
52	スキップ	55
53	振り下ろし	56
54	バームクーヘン	57
55	背面回転	58
	組み合わせ技	
56	持ち替え・ターン	59
57	傘・気をつけ	59
58	突き・オール・スイング	60
59	持ち替え・ジャイアントスイング	61
60	X斬り・居合斬り	62
61	斬鉄剣	63
62	エクスカリバー	64
63	龍虎乱舞1	65
64	龍虎乱舞2	66
65	片手回し・持ち替え・ジャイアントスイング・ターン	67
66	背面回し・持ち替え・ほうき・プロペラ持ち替え	68
67	ロックローラー＋・床トン	69
68	背面回し・持ち替え・オール・床トン	70
	多人数技	
69	きのこ	71
70	クロス	71
71	のれん	72
72	入れ替わり	72
73	「こ」の字	73
74	受け渡し	73
75	スライド	74
76	チェンジ	74
77	二人凸凹	75

はじめに

　風になびく２色の旗。空に向かってまっすぐ突き出された100本の旗。それが一直線に並ぶ。それだけで美しかった。その"美"に目を引かれ，心を奪われた。旗を振り上げる，振り下ろす度に響き渡る一つ一つの音。全身を使って繰り出される数々の技。一糸乱れぬ集団としての動き。そこには先程感じた美しさはもちろんのこと，子どもたちの培ってきた努力が迫力として伝わってきた。

　子どもたちの手にあったのは，ポンポンのような煌びやかなものではない。よさこいのような大きな半被や鳴り物でものない。たった１本の旗。あの美しさや迫力は子どもの姿と動き，１枚の布だけで成し得たことだった。その先には子どもたちの誇らしげな顔があった。

　準備係としてテント下から見た初めてのフラッグの団体演技。ただただ感動した。周りを見渡すと涙を流している者さえいた。もちろん自分も。終わった後，しばらくの放心状態。何が自分たちの胸を打ったのだろうと10分弱の時間を振り返っていた……。

　あのとき受けた感動を目の前の子どもたちと共有したい。たくさんの先生たちと共有したい。フラッグを多くの学校で取り組んでほしい。そんな願いから本書は誕生しました。本書はフラッグの指導法だけでなく，団体演技指導で大切にしたい心構えや考え方，指導に至るまでの準備や作成の過程までをも網羅したものになっています。団体演技づくりに不安を抱かれている先生もこれ１冊あれば，安心と自信をもって取り組むことができるものになっています。

　この本が，１人でも多くの子どもたちの笑顔，自信につながることを心より願っています。

関西体育授業研究会
日野　英之

contents

付属DVD収録内容一覧 2
はじめに 3
フラッグ運動の魅力を一挙公開！ 6
　　コラム　　仲間と「つながる」喜び 8

第1章　「フラッグ運動」成功への8つのステップ 9

　ステップ1　フラッグ運動の価値 10
　ステップ2　指導に入るまでに築いておきたい3つの関係 12
　ステップ3　テーマ設定 14
　ステップ4　道具の選定 15
　ステップ5　演目作成 16
　ステップ6　安全への配慮 17
　ステップ7　指導中の対応 18
　ステップ8　指導スケジュール 19
　　コラム　　音の力 20

第2章　「フラッグ運動」の技　全部紹介！ 21

★1　技の基本 22
　上肢・22／下肢・23／旗動作・24

★2　立ち技 26
　突き／X斬り・26　面／侍・27　回転チョップ／縦斬り・28　オール／ヌンチャク・29
　ジャイアントスイング／茎わかめ・30　プロペラ・31　縦旋回・32　フワフワ・33
　背面回し・34　傘／ブラインド・35　隙間から！／魔法つかい・36　横構え1／横構え2・37
　海賊ポーズ／ロックンローラー・38　持ち替え1／持ち替え2・39
　持ち替え横振り／プロペラ持ち替え・40　クイック持ち替え／ロケット・41　横旋回／虹・42
　イナバウワ／塔・43　マントヒヒ／馬・44　ゾウ／キリン・45
　レレレのおじさん／えっさ！ほいさ！・46　穴掘り／ライジングサン・47
　ルンルン／Xジャンプ・48　エアロビ／ほうき・49　手首返し・50

★3　回転技 51
　振り返り／突きターン・51　小回転・52　大回転・53　風車・54　スキップ・55
　振り下ろし・56　バームクーヘン・57　背面回転・58

❹ 組み合わせ技

持ち替え・ターン／傘・気をつけ・59　突き・オール・スイング・60
持ち替え・ジャイアントスイング・61　X斬り・居合斬り・62　斬鉄剣・63
エクスカリバー・64　龍虎乱舞1・65　龍虎乱舞2・66
片手回し・持ち替え・ジャイアントスイング・ターン・67
背面回し・持ち替え・ほうき・プロペラ持ち替え・68　ロックローラー＋・床トン・69
背面回し・持ち替え・オール・床トン・70

❺ 多人数技

きのこ／クロス・71　のれん／入れ替わり・72　「こ」の字／受け渡し・73
スライド／チェンジ・74　二人凸凹・75　ランジ／サンライズ・77
タンポポ／チューリップ・78　ひまわり／6つの塔・79
メリーゴーランド1／メリーゴーランド2・80

第3章 運動会ですぐに使える！団体演技「フラッグ運動」大公開！ ……81

低学年	「おどるポンポコリン」・82
	「勇気100%」・85
中学年	「恋」・88
	「ビリーヴ」・91
高学年	「Yeah! Yeah! Yeah!」・94
	「海猿〜メインテーマ〜」・98
コラム	子どもたちとつくるフラッグ運動 …… 102

第4章 「フラッグ運動」が初めてでも安心！お役立ち付録 …… 103

★1 誰でも簡単！フラッグのつくり方・104
★2 ひと目でわかる！隊形紹介・107
★3 ぜひおすすめ！選曲リスト・110

執筆者一覧 …… 112

 フラッグ運動の魅力を一挙公開！

一体感！

凛とした姿の行進！

巧みな動きを育む技の数々！

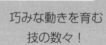

笑顔でキメポーズ！

主役感！

「バサッ！」大迫力の音！

フラッグが織りなす雄大な演技

努力感！

すべての子どもの努力が報われる

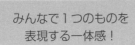

みんなで1つのものを表現する一体感！

仲間と「つながる」喜び

「フラッグをやって,『友達とつながる』って,こういうことか!とわかりました。フラッグを一生懸命がんばってよかったです」

Mさんが,運動会後に書いた作文の締めくくりです。いつもはおとなしいMさん。「うちの子は,なかなか自分の気持ちが言えなくて,友達同士でも我慢することが多いみたいで……」お会いする度,お母さまも心配されていました。

それが,フラッグ運動を通して少しずつ変わり始めました。友達と息を合わせないとできない「二人凸凹」。Mさんは,動きがわからない相手に少しずつアドバイスするようになりました。やがて自分からカウントを言い,相手をリードするようになりました。「だんだん楽しくなってきた」と言い始めたMさん。その後,列をつくって大勢で息を合わせなければ成功しない技では,みんなの輪の中で,しっかり意見を伝えていました。

やがて,成功すると「やったー!」と,手を取り合って喜ぶようになりました。

「勇気を出してアドバイスすると,『ありがとう』と言ってくれた。本当にうれしかったです」「話さなくても,友達の気持ちがわかるときがありました」とMさん。以前より積極的に友達とかかわるようになりました。「運動会を通して,大きく成長した娘が誇らしかったです。フラッグを持って演技することも楽しかったようです。フラッグってすごいですね」とお母さまもうれしそうに話されていました。

試行錯誤する中で仲間を感じ,仲間とつながり,そして演技とともに個も集団も成長できる。フラッグ運動に取り組む意義を改めて実感した運動会でした。

第 1 章

「フラッグ運動」成功への8つのステップ

「フラッグ運動」のもつ価値。教師も子どもたちも、十分に感じて学習に取り組みたいものです。では、出合わせるまでに、準備しておくことは？ 道具はどうすればいいのか？ 安全上の配慮は？ 指導にあたって留意する点は……。本章で、紹介していきます。まずは本章からお読みください。

ステップ1 フラッグ運動の価値

🚩 フラッグ運動の価値

　運動会が近づくと，教師たちは「団体演技だ！」と気合いが入ります。そして，時間との戦いと言わんばかりに躍起になって指導します。子どもは先生に言われた通りについていくだけ。当日の団体演技がそんな「教師が子どもを見せるためのもの」になっていないでしょうか。運動会は子どもの学習の成果を発揮する場です。

　本書で紹介するフラッグ運動。そこには，どのような価値があるのでしょう。

　授業参観や発表会や部活動の試合の応援などに「来てね！」という子どもと「来てほしくないな……」という子ども。いろいろな要因はあるでしょうが，両者の決定的な違いは「主役感」「努力感」「一体感」の有無です。「主役感」とは，自らに輝きを感じる心であり，「努力感」とは，自らが努力を積み重ねてきたという実感です。「一体感」とは，子どもたちが動きを通じて心が1つになっていることを感じることです。子どもは「主役感」や「努力感」や「一体感」を抱いた場に「誇り」をもちます。

　子どもはその「誇り」を観てほしい，感じ取ってほしいと思うのです。きっとそんな団体演技ならば，子どもたちから「観に来てよ！」となるはずです。

🚩 主役感

　フラッグ運動には観る者を惹きつける「かっこいい」「美しい」技が数多くあります。子どもたちもその技に，観たり，触れたりすることで憧れを抱くことでしょう。動きだけを見ても，フラッグの持ち方や上下左右に振るなど，それほど難しいものはありません。身体の大きさや運動能力に大きく左右されることなく，練習を積めば，全員の子どもが技を習得できます。

　本番。練習を通じて，様々な技を習得した子どもたちは，自己満足感や自己肯定感をもちながらきっと堂々と演技することでしょう。この感覚が「主役感」へとつながります。

🚩 努力感

　前述の通り，技は単純な動きでできています。しかし，単純な動きを組み合わせて，1つの技にしていくことに難しさの「壁」を感じる

ことでしょう。また，仲間と動きをそろえることの「壁」も感じることでしょう。この「壁」を打ち崩すために努力が必要となってきます。繰り返すことで，上げる・回すなど一つ一つ独立していた動きの中につながりができます。技になっていきます。また，繰り返すことで滑らかさやしなやかさが付随していきます。努力すればするほど変化していく動きに，子どもたちは「積み重ね」を意識することができます。これが「努力感」の成就につながります。

一体感

フラッグ運動では，「積み重ね」を意識させてくれるものの1つに「音」があります。技ができるようになると，「音」が生まれます。技ができたか，できなかったかを「音」で判断するようになります。

周りの音を気にし出します。そして，「バサッ！」とそろったときの音の迫力，爽快感を味わうようになります。この音が一体感を生み出します。

音をそろえるために，仲間との言葉，動きを介した話し合いが始まります。教師から子どもへの一方向の指導ではなく，子ども同士の双方向の学び合いが生まれます。フラッグが教師のものではなく，自分たちのものへと昇華するのです。

技の習得，習得の過程で生まれる思考や仲間とのかかわりは，体育科においても求められているものです。フラッグ運動を1つの学習の素材としてとらえ，これらの価値を存分に活かし，主役である子どもたち自身が観てもらいたいと思える団体演技にしていきたいものです。

子どもたちが自分に輝きを感じ，努力してきたことを堂々と演技をする姿に，そして，そこから繰り出される迫力ある音に，観る者は成長を感じることでしょう。子どもたちは達成感を得ることでしょう。

子どもたちの心身の成長をさせてくれる可能性をたくさん有するフラッグ運動。まずは，この価値を教職員間で共有することから始めましょう。

**フラッグで「主役感」「努力感」「一体感」を！
子どもを見せる団体演技から子どもが見せたい団体演技に！**

ステップ2 指導に入るまでに築いておきたい3つの関係

　いざ指導となったところで，子どもたち同士がつながっていない，教師に対する信頼がない，教師間の関係がぎくしゃくしている……そのような状態では，子どもたちが"主役感"を感じられるような技能の習得，繰り返し練習しようとする"努力感"，仲間同士で成し遂げようとする"一体感"を生み出すことは困難でしょう。子どもたちにこれらを味わわせるために，指導に入るまでに3つの関係をしっかり築いておきましょう。

子どもと子どもの関係

　学年，学級の子どもが「できない」「困った」という気持ちを抱いた際，誰に頼ると思われますか。
　「先生，どうしたらできるようになるの？」
　「先生，見てもらってもいいですか？」
　など，先生頼みの集団になっていませんか。100人前後の子どもに対し，数人の教師で指導にあたらなければなりません。すべての子どもに教師が対応することは不可能なことです。子どもが「できない」「困った」といった気持ちを抱いたときに，たった数人しかいない教師を頼る集団ではなく，何十人といる仲間を頼ろうとする集団にしておくことが，フラッグ運動成功への鍵となります。
　そう考えた場合，指導に入るまでに一番築いておきたい関係は，教師と子どもの"縦糸の関係"ではなく，子どもと子どもの"横糸の関係"です。横糸の関係を築くために，1学期から授業や行事などを通じて，子どもたち同士のかかわりを大切にした取り組みを継続的に行っていく必要があるでしょう。

教師と子どもの関係

　子どもからの信頼を勝ち取ること。そのために日頃から次のことを心がけておきましょう。

つなぐ

　子どもが見せたいと思える団体演技にしていくうえで，子どもたち同士で学習をしていくという視点を大切に学習を進めていきましょう。
　「○○くんのアドバイスのおかげで，○○さんができるようになったんだよ」「○○さんのさっきの行動は，みんなのお手本だね！」など，子どもの行動・行為に対し，言葉で価値づけをしたり，練習後に「今日のがんばったさん」と題した，互いのがんばりを振り返ることができる場を設けたりするなどして，子どもたちをつなぐことを心がけましょう。

奮起させる

　「この前できてなかった技が，今日はでき

るようになったね。がんばったんだね！」と，子どもの努力を認め，もっとがんばろうと思わせることも，教師の大切な役割です。子どもの変化をとらえられるよう，写真や一言感想などから子どもの気持ちや課題を把握しておき，個や集団に応じた対応ができるとよいですね。

支える

ずっといい日ばかりではないでしょう。ときには，うまく練習が進まなかったり，トラブルがあったりすることもあるでしょう。うまくいかないときには「大丈夫だよ。きっとできるよ」と励まし，子どもたちの気持ちが切れないように，後方から支えていくことも教師の大切な役割です。

「つなぐ」「奮起させる」「支える」際に大事になってくるのは，教師側から発する言葉です。教師からの言葉が子どもたちの心に響く，そんな言葉を教師は磨かねばなりません。また，子どもたちに味わわせたい主役感，努力感，一体感は，子どもの教師への大きな信頼があるからこそ生まれるということも忘れてはいけません。

教師と教師の関係

「全体指揮を任された。1人でがんばらないと」こんな想いで指導にあたる先生もいらっしゃるのではないでしょうか。それでは気負いすぎて，焦りが出てしまったり，子どもに対して感情的になってしまったりしては，うまく指導することができません。周りに目を向けると，フラッグに対する価値を共有した仲間がいます。手先が器用な人，音楽をよく知っている人，リズムをとるのが上手な人，構成を考えることが得意な人……それぞれの持ち味があります。困ったときには何でも相談できる，互いに頼ることのできる関係を築いておき，チームとして取り組んでいきましょう。

学年の先生だけでなく，管理職や支援学級担当など，かかわってくださる先生方との関係の構築も忘れずに。

子どもと子どもをつなげたいのならば，教師がその手本となるような関係であるように努めていきましょう。

**子どもと子ども・教師と子ども・教師と教師
3つの関係の構築が指導のベース！**

ステップ3 テーマ設定

　作成の段階に入っていきます。まずはテーマ設定です。

　テーマは子どもの実態と課題に照らし合わせて作成していきましょう。

（例）

自分中心的な子が多く，周囲への感謝や恩義を感じることが難しい。

これまで育ててくださった方々へ，自分たちの精一杯の演技を通してありがとうの気持ちを伝えよう。

　練習が始まる前に，学年集会を行って，テーマを全体で共有する場面はよく見られます。しかし，テーマに触れるのはこの1回だけということはありませんか。せっかく打ち立てたテーマです。指導中もテーマに立ち返って指導することを心がけましょう。例えばキメのポーズ。背筋や肘が曲がり，いかにもやる気のない子どもの姿があったとします。その際，「しっかり伸ばしなさい！」と指導をすると，表立った面を解消することはできるかもしれません。しかし，内面を変えることにはなりません。そんな指導を繰り返していくと，意欲の低下につながります。そうではなく，「その姿や姿勢でみんなの『ありがとう』は伝わるかな？　どのような姿・姿勢であればよいかを考えてごらん」とテーマに立ち返り，目的を再確認するように問いかけてみましょう。即効性はありませんが，確実に姿が変わっていきます。変わったときには，きちんと言葉で価値づけし，意欲を高めることも忘れずに。

　テーマを用いて，子どもの内面に訴えかける指導を心がけることで，子どもの姿にテーマが見える素晴らしい演技になっていきます。

**テーマは子どもの実態・課題から
常に立てたテーマに立ち返り，テーマが見えてくる団体演技に！**

ステップ4 道具の選定

　フラッグには大旗（80cm×90cm），中旗（45cm×55cm），小旗（30cm×40cm）があります。体の大きさや，ダンスの種類，曲のテンポなどに応じて，フラッグを選定しましょう。

　販売しているフラッグではイメージに合わない，子どもの実態に合わないといった場合は，自分たちでつくるという方法もあります。（p.104参照）

・大旗

大きな旗は迫力十分！

　そろった際の動きや，音の迫力が魅力的なフラッグです。
　一方で，重さがあり，操作には力を要します。高学年向き。

・中旗

片手でも！

　片手でも操作することが可能です。
　大旗に比べると，小さい分，速いテンポの動きにも対応することができます。中～高学年向き。

・小旗

両手で見栄えよく！

　片手はもちろんのこと，両手に1本ずつ持つこともできます。
　場面に応じて本数を変えると，演技の幅が広がります。低～中学年向き。

フラッグの選定は，子どもの実態と演技の内容に合ったものに！

ステップ5 演目作成

演目作成で決めていかなければならない事項は,「場面の数」「コンセプト設定」「曲」「隊形」の4つがあります。

🚩 場面の数

与えられている時間によって場面数を設定していきます。1つの場面があまりに長いと子どもたちだけでなく,観ている人にも飽きがきます。移動も含めた1つの場面をおよそ4分と設定し,15分ならば4場面,20分ならば5場面程度がよいでしょう。

🚩 コンセプト設定

続いてそれぞれの場面にコンセプトを設定しましょう。

（例）
1場面目
　　行進や隊形移動で集団として迫力を
2場面目
　　1人技中心に,個の輝き・努力の痕跡を
3場面目
　　個と集団が組み合わさった美しさを

といったように,テーマが伝わるようなコンセプトを設定します。

🚩 曲

集団のそろった動きで迫力を伝えたい1場面目には,重厚感があり,テンポのとりやすいドラマや映画のオープニングなどで用いられる楽曲。個人技で主役感,努力感を伝えたい2場面目は,明るく,テンポのとりやすい楽曲。ゆったりとした動きで美しさを表現したい3場面目は,ドラマや映画のクライマックスで用いられるような壮大でテンポの遅い楽曲。といったように,コンセプトに沿った楽曲を選択していきましょう。

🚩 隊形

コンセプトに合わせて隊形も選択していきましょう。(p.107-109参照)

個人技は
一人一人がよく見えるように！

迫力を出すときには"塊"を意識して！

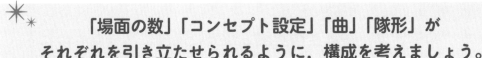

「場面の数」「コンセプト設定」「曲」「隊形」が
それぞれを引き立たせられるように,構成を考えましょう。

ステップ6 安全への配慮

どれだけ素晴らしい演技で終わったとしても，その過程でけがやもめごとがあったのでは，本末転倒です。フラッグの取り扱い方について，次の点に気をつけましょう。

このようなゴムキャップで十分！

周りの友達に当たらないように，このような持ち方で！

🚩 保管場所，使用時間を定める

フラッグは手に取ると，思わず振り回してみたくなります。故に保管場所や使用方法に気をつけなければ，大きなけがにつながります。教室に保管スペースを確保し，使用可能時間を明記するなどして，フラッグの管理に努めましょう。

🚩 移動時

気をつけて持っていても，長いものになると120cmにもなるので，誤ってフラッグの先が周りの人に当たってしまうことがあります。移動の際には，次の2点に気をつけましょう。

①柄の先にキャップを付ける。
②棒の中心を持って柄が下，旗部が上を向くようにして，脇を締めて，持ち運ぶ。

🚩 練習方法

100名が一斉に体育館内でフラッグを振り回したら……想像しただけで冷や汗ものです。特に体育館の練習ではフラッグを持たずにできる練習（移動や隊形の確認，旗を持っている体での練習など）や見る側，練習する側の2グループに分かれて取り組むなど，安全を第一に考えた方法や場を考えていきましょう。

🚩 給水・休憩

暑い時期の練習で考慮しなければならないのが，熱中症・日射病対策です。20分おきの給水や休憩時間の確保はしっかりとするようにしましょう。

けがや事故のないように，安全面・健康面には十分な配慮を！

ステップ 7 指導中の対応

指導に入ると,「あれ? 想定していた子どもの姿と違うぞ」といったことはよくあることです。その際,どのような手立てを講じるとよいのでしょうか。

フリがなかなか覚えられない子

先生が見本として映っているDVDを作成しておきましょう。「先生が」という点がミソです。先生が一生懸命に演技している姿に,子どもが影響を受けないわけがありません。前から,後ろからの2方向のアングルを作成しておくと丁寧です。給食準備中や休み時間に映像を流しておくだけでも効果があります。

カウントがうまくとれない子

カウント表とCDを用意してあげましょう。学校で家庭で曲を繰り返し流すことで,音とリズムを耳になじませ,なじんできたらカウント表と整合させていきます。歌詞のある曲ならば,カウント表に歌詞を書き加えると,音やカウントのとれない子どももどこで何をするのかが明確になるので,動きがそろうようになります。

集団との動きがそろえられない子

行進で周りと動きを合わせられない子。「まっすぐに!」の指示では何をどのようにすればよいのかわかりません。「〇〇さんの肩の動きを見てそろえてみよう!」と視点を具体的に示したり,到着地点からカウントを逆算して,スタート地点に戻ってみるなどさせて,ペース配分を確認させたりするとよいでしょう。

フリの細かな動きがそろえられない子

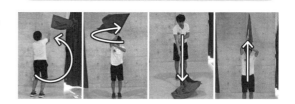

例えば上の技(p.64参照)を指導する際,「1・2・3・4」と数字をただ羅列した口伴奏ではなく,「下から・回って・下と上」など,動きに合わせた言葉を口伴奏に加えると,動きがそろってきます。

慣れてくれば子どもたちに口伴奏を考えさせてみるのもよいですね。

想定していた子どもの姿と実際が異なるのは当たり前。子どもの課題をしっかりと見取り,臨機応変な対応を!

ステップ8 指導スケジュール

　どのようなスケジュールを組まれて練習に臨まれていますか。

　1つの場面をしっかりと完成させてから次の場面の指導に入る。各場面ごとの難しい部分だけを先に完成させてから，難易度の低い部分の指導へと移っていく。

　方法は人それぞれあるかと思います。やりやすい方法でよいのですが，「スケジュールなんて立てたことがない」「イメージが湧かない」という方には，下のスケジュール（4場面設定）をおすすめします。

　練習日としてとれるのはせいぜい1か月。はじめの2週間ですべてを通してしまいます。その際に，指導の優先は技の出来不出来ではなく，隊形や全体の見栄えの確認・調整です。技はいきなりできるものではなく，繰り返して取り組んでいく中で，コツがわかり，動きに滑らかさが加わり，完成していくものです。焦らずじっくり取り組んでいきましょう。まずは大きな部分（隊形や見栄え）から，本番に近づくにつれて細かな部分に移行していく指導で，個々の力も集団の力も見せられる（魅せられる）フラッグに仕上がります。

　子どもたちのモチベーションを高めるためにも，練習中日や最終週のはじめごろに撮影日を設け，映像を観ながら，互いの成長や課題を共有する時間をもつとよいでしょう。

☆指導スケジュール例

段階	A								B					C	
日数	①	②	③	④	⑤	⑥	⑦	⑧	⑨	⑩	⑪	⑫	⑬	⑭	⑮
目的	大まかな流れ・技・隊形がわかる。								技・動き・隊形を整える,そろえる。						
内容	・2日で1場面を完成させるイメージで取り組む。 ・各時間，冒頭の10分は準備運動も兼ねて，今場面までの復習に取り組む。 ・大切なことは「大まかに技ができること」「大体の位置・隊形がわかること」の2つ。 ・「できた！達成感」と「進んだ！進捗感」を味わわせ，子どもの意欲を高める。								・4場面の通し練習を繰り返す。 ・「"ズレた"度に止める→修正」のルーティンで指導。 ・大切なことは動き・隊形・位置など細部までそろえること。 ・フラッグの音や動画，見合い活動を通して，そろった実感を味わわせ，子どもの意欲を高める。					・本番と同じ雰囲気で！ ・ノーミス演技で子どもたちに自信と誇りを！	

　指導は，大きな部分→細かな部分へ
　技も動きもレベル高きフラッグへ！

音の力

　運動会練習の朝,「先生！　今日は何をするの？」フラッグを使うと伝えると,子どもたちは「やったー！」と大喜びです。子どもたちが教具に初めて出会う日を大きなチャンスの日だと私は考えていました。

　あるとき,先輩の先生にこんな話を聞きました。運動会の団体演技も授業の1つ。子どもたちに考えさせる場面をつくることが大切。そんな言葉が頭にあったので,低学年の今年は,フラッグのよさを活かして子どもが考える場をどこかでつくろうと考えていました。

　初めてフラッグを手にしたとき,子どもたちはどうするか。安全の確認をして子どもたちにフラッグを渡すと,思い思いにフラッグを操作します。フラッグの一番のよさは,音が出ることだと考えていたので,フラッグを振って一番大きな音を出すには「どんな振り方をすればよいかな？」と子どもたちに投げかけると,たくさんのアイデアが出てきました。振りかぶって立っている状態から座ったり,助走をつけて体をひねり,横に思いきりはらったりする方法も出てきました。さらに,お互いに音の大きさを聞き合ったり,教えたりする様子も見られました。最後は,大きな音の出る技を3つ決め,学年全員でそろえてフラッグを振りました。思わず「おー！」と感嘆の声が子どもたちからもれました。

　キーとなったのは音でした。音から思考が広がりました。音から意欲が高まりました。フラッグのもつ大きな魅力に触れた気がしました。

　本番の子どもたちは,フラッグを初めて手にしたときと同様に目が輝いていました。「バサッ！」音が子どもたちの動きと心をつないでいくことを実感できた運動会となりました。

第2章
「フラッグ運動」の技 全部紹介！

握り方，持ち方，上肢の動き，下肢の動き，旗の動かし方。それらを組み合わせて1つの動きが決まります。それらを立ち技，回転技，組み合わせ技，多人数技に分けて紹介していきます。また，これらを基に新しい技を考えることも可能です。

1 技の基本

フラッグ運動の基本の動き方や操作の仕方です。技はこれらが組み合されてできています。

【基本のポーズ】

右の写真が基本のポーズになります。「構え！」の号令でこの基本のポーズになります。

技は上肢・下肢・旗動作の3つの要素を組み合わせて構成していきます。上肢には「握り方，持ち方，位置」があります。下肢には，「方向，足の運び方（ステップ），速さ，ターン」があります。旗動作には，「上げ，下げ，振り，払い，回転」があります。

旗を両手で持つ。中段で構える。
右手が上，左手が下。持ち方はオープン！

☆上肢

【握り方】

順手	逆手
両手の平が，内側を向くように旗を持ちます。多くがこの握りになります。	手の平が同じ方向に向くように持ちます。回転系の技に多い握りです。

【持ち方】

オープン	ハーフ	クローズ
手と手の間をグリップの限界まで開きます。	手と手の間をグリップの半分まで開きます。	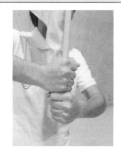手と手の間を空けずに握ります。

【位置】

上段	中段	下段
腕を伸ばしきり，頭の上まで上げます。	腕を曲げ，胸の高さで止めます。	へその前で止め，フラッグを下に向けます。

☆下肢

【方向】前後左右・斜めなど 　【速さ】歩く・走る・ゆっくり・やや速くなど
【足の運び方】【ターン】

サイドステップ	正面を向いた状態で，横に移動します。 回転の旗動作と組み合わせることの多いステップです。	
スキップステップ		片方の膝を90°に曲げます。 曲げた足と反対の足で踏み切り，着地するステップです。
行進ステップ		膝を90°に曲げて，前進するステップです。 テンポや歩幅をそろえることで一体感が生まれます。

第2章　「フラッグ運動」の技　全部紹介！

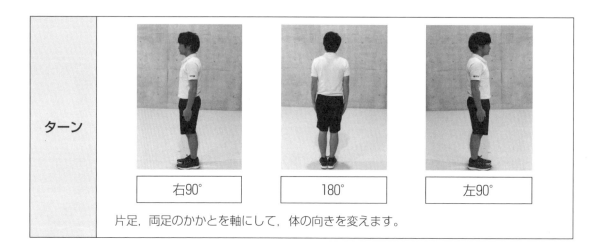

☆旗動作

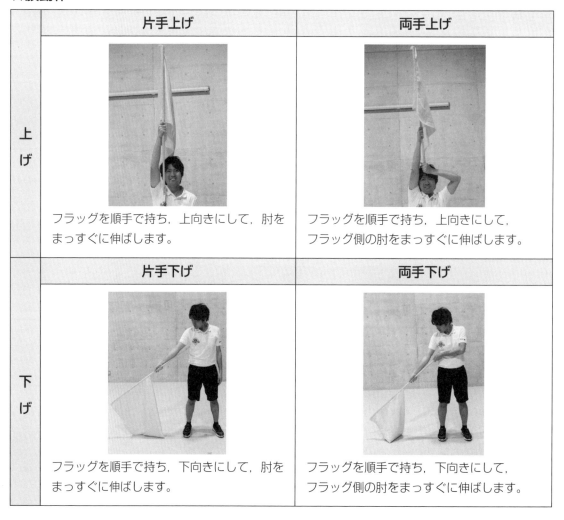

1 技の基本

	上→下（片手持ち）	下→上（両手持ち）
振り	 フラッグを順手で持ち，肘を伸ばしたまま，振り下ろします。音で迫力をもたらしましょう。	 フラッグを順手で持ち，フラッグ側の肘を伸ばしたまま，振り上げます。
	右⇔左	前⇔後
払い	 体を正面に向けます。フラッグを順手で持ち，フラッグ側の肘を伸ばしたまま，左右反転させます。振りと同様に，音で技に迫力をもたらしましょう。	 一歩前に踏み出します。フラッグを順手で持ち，フラッグ側の肘を伸ばしたまま，前後反転させます。音で技に迫力をもたらしましょう。
	片手	両手
回転	 フラッグを順手で持ち，肘を伸ばしたまま，体の前で旗を1回転させます。	 フラッグを順手で持ち，フラッグ側の肘を伸ばしたまま，体の前で旗を1回転させます。

第2章 「フラッグ運動」の技　全部紹介！

2 立ち技

立ち姿勢で行う技です。
基本的な技となります。
45種類の技を紹介します！

突き

附属DVD チャプターNo. 1

どの学年にもおすすめのかっこいい技です。他の技と組み合わせて使うこともできます。

| | 1 2 | 3 4 |

順手・ハーフ・中段で構える。

持ち手はそのままで，地面に平行に後ろに振りかぶる。

左足を前に出すと同時に，地面に平行に振る。

X斬り

振りの基本的な技です。低学年でも簡単にできます。

カウント　1　2　3 4

順手・クローズ・中段の構えから，振りかぶる。

斜め下に素早く振る。

逆方向に振りかぶり，斜め下に振り下ろす。

🚩 面

竹刀を振るように旗を操作します。手首を使って力強く振ることで大きな音が出ます。

カウント

| | 1 2 | 3 4 |

順手・ハーフ・中段の構えから後ろに振りかぶる。　　右足を前に踏み出しつつ、前方に振る。　　右足を後ろに下げつつ、振りかぶって振る。

🚩 侍

低学年におすすめの技です。素早く振り上げることで、迫力が出ます。

カウント　　1　　2　　3 4 5 6 7 8

旗の中心を順手・クローズで持ち、腰のあたりで構える。　　斜め上方向に振り上げる。　　手首を返し、旗を1回転させて、元の構えに戻る。

指導のポイント　旗を振る技は、素早く大きく振ることで音が出て迫力が出ます。また音をそろえることで演技の迫力が増します。

回転チョップ

野球のスイングのような技です。胸の前で手首を返すことで、旗がなびき、きれいに見せることができます。

カウント　　　12　　　　　　　　　34　　　　　　　　5678

  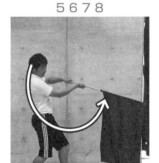

順手・オープン・中段の構えから、体の前で旗をゆっくり1回転させる。

1回転が終わると同時に足を上げて構える。

野球のスイングのように旗を振り、ポーズをとる。

 ## 縦斬り

動きが単純で迫力があるので、どの学年にもおすすめです。どんな曲にも合わせやすい技です。

カウント　　　1234　　　　　　　56　　　　　　　　78

順手・オープン・中段から、持ち手はそのままで旗を上げる。

持ち手はそのままで、体の向きを変え、振りかぶる。

左足を出しながら縦に振り下ろす。

> **指導のポイント** 足を踏み出すタイミングと振り下ろすタイミングをそろえることで、より大きな音を出すことができます。

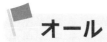 オール

中～高学年向けの技です。カヌーのオールを回すようにリズムよく回しましょう。

| カウント | 1 2 | 3 | 4 |

順手・ハーフ・中段の構えから、片手の手首を返し、1回転させる。

持ち手と反対側に旗を振り下ろす。

持ち手と反対側で1回転させ、元の位置に戻す。

 ヌンチャク

高学年向けの技です。素早く振り回すことで、かっこよく見えます！

| カウント | | 1 2 3 4 | 5 6 7 8 |

順手・オープン・中段・直立で構える。

後ろに1歩下がりながら、旗を片手で1回転半させ、反対の手でキャッチ。

前に1歩進みながら、片手で前に1回転させ、反対の手でキャッチ。

> **指導のポイント** 手首を上手に使うことで、旗を素早く回転させることができます。

ジャイアントスイング

高学年向きの技です。回転技の中でも動きが大きく,迫力のある技です。

カウント▶

1	2 3	4

順手・クローズ・中段の構えから,右斜め下に動かす。	頭の上で大きく旋回させる。	持ち方はそのままで,反対方向に振り下ろす。

指導のポイント　「ジャイアントスイング」は,頭上でできるだけ大きく回すことで,迫力が出ます。腕を伸ばしながら回すことが,大きく見せるコツです。

 ## 茎わかめ

ワカメを表現した技です。見ている人の気持ちが和む技です。

カウント▶

	1 2	3 4

順手・オープン・中段で構える。	上段で旗を回すようにして動かす。	旗を回すと同時に,腰も回転させる。

プロペラ

高学年向きの技です。カウントに合わせて旗の動きがそろうと，美しく見えます。

カウント　　　1　　　　　　　　　　2　　　　　　　　　　3 4

順手・クローズ・中段の構えから，腕を前に伸ばして，旗を時計回りに回転させる。　　右手の手首を返し，左手で旗を受け取り，スムーズに回転させる。　　繰り返し行い，回転させる。

〈持ち手〉

カウント　　　1　　　　　　　　　　2　　　　　　　　　　3 4

回し始め。右片手の手首をひねり，回転させる。　　右手の手首を限界までひねったら，左手の逆手で旗を持ち替え，限界まで手首をひねる。　　左手から右手に持ち替える。

縦旋回

難易度の高い技です。腕や体ではなく，手首を使って旗を回します。

| カウント |

　　　　　　　　　　　　　１２　　　　　　　　　　　３４

  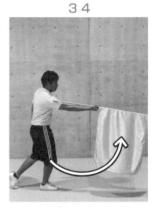

旗の真ん中を片手で持ち，下向きに構える。　　手首をひねりながら回転させる。　　右足を前に出す。旗は１回転させたら前に突き出す。

| カウント |

　　　　　　　　　　５　　　　　　　　　　　　６　　　　　　　　　　　７８

右足を１歩後ろに出すと同時に，突き出した旗を戻す。　　手首を返して，旗を１回転させる。　　旗をさらに回転させて，背中に旗をつける。そのときに前の足をそろえる。

> **指導のポイント**　美しく見せるためには，旗を手首だけで回すことが大切です。まずは旗を回転させる練習を行い，できるようになれば，足も合わせて行うとよいでしょう。

 フワフワ

風に乗って飛ぶ風船を表現した技です。ゆったりとした曲に合う技です。

> カウント

1 2　　　　　　　　3 4

旗の中央を片手で持って構える。

サイドステップしながら，旗を下方向から1回転させる。

1回転させたら，中段まで持ってきて待機。

2 立ち技

> カウント

5　　　　　　　　6　　　　　　　　7 8

逆方向に向けて，同じ動きをする。

サイドステップをしながら，下から1回転させる。

1回転させたら旗を中段まで持ってきて，待機。

> **指導のポイント**　回転開始と回転終了間際を，できるだけ早く回すように指導しましょう。大きな音が出て迫力が増します。

第2章　「フラッグ運動」の技　全部紹介！

背面回し

高学年向きの技です。手首を使って体の前と後ろで旗を回します。

〈前から〉

| カウント | 1 | 2 3 4 | 5 6 7 8 |

片手で旗の中央を持ち、斜め下に構える。　　腕を伸ばして、描くように大きく旗を180°回す。　　手首を返して体の後ろで旗を回転させる。

〈後ろから〉

| カウント | 1 | 2 3 4 | 5 6 7 8 |

体の後ろで旗を回すときは、腕を動かさず手首だけを回す。

指導のポイント　手首だけを使って旗を回すイメージで取り組むとよいでしょう。手首をゆっくり柔らかく回転させることが、美しく回すコツです。

傘

低学年でも簡単にできる技です。観る人にインパクトを与えられます。

カウント

旗の端と端を持ち，中段に構える。

1
布側の手を素早くもう一方の手の方に引き寄せる。

布が下に垂れないように持ちながら，手をクローズにする。

ブラインド

ポーズ技です。場面や技の切れ目に有効な技です。

カウント

旗を巻いて順手・オープン・下段で構える。

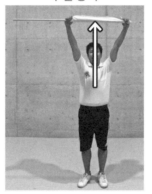
1234
そのまま旗を上に上げる。

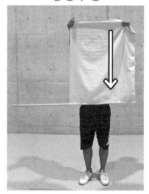
5678
布を持ち，布が広がるように手を離す。

> **指導のポイント**　手を放し，旗が広がった際に，旗が広がりきるタイミングで少し旗を持ち上げることで，ピタッと旗が止まり，きれいに見えます。

隙間から！

テンポの速い曲にピッタリです。笑顔で行うことで，場が和みます。

> カウント

　　　　　　　　　　　　　　　１２３４　　　　　　　　　５６７８

布を広げ両手で持ち，顔が見えないようにする。　　少し布をずらして，顔をのぞかせる。　　逆方向で同じことをする。

魔法つかい

簡単で，低学年でも取り組める技です。できるだけ高く跳ぶことがコツです。

> カウント

　　　　　　　　　　　　　　　１２　　　　　　　　３４　　　　　　　　　５６７８

旗を順手・クローズで持ち，またがり，しゃがんで待機。　　立つと同時に，足を開いて跳び上がる。　　着地後，直立で待機。

> **指導のポイント**　「魔法つかい」は，ジャンプのときにできるだけ大きくジャンプしましょう。動きが大きくなり，迫力が出ます。

横構え1

動きが単純なので低学年におすすめです。小さな体でも力強さを表現できます。

カウント

逆手・オープン・中段，足を肩幅に開いて構える。

1234

旗を上に上げ，片足を上げて止める。

5678

伸脚をしながらかがみ，布がある方に顔を向ける。

横構え2

場面の最後の決め技に適した技です。みんなでそろえて決めることで，場が締まります！

カウント

逆手・オープン・中段，足を肩幅に開いて構える。

1234

手はそのままで旗を上に上げ，片足を上げて止める。

5678

上げた足を軸足と交差させるように下げる。旗は中段に構える。

指導のポイント 一つ一つの動きを，しっかりと静止させましょう。力強さが際立ちます。

海賊ポーズ

低学年におすすめの技です。曲の最後のキメに適した技です。

カウント

1 2　　　　　　　　3 4　　　　　　　　5 6 7 8

旗を杖のように地面に置いて持ち，構える。

片手で旗を投げ上げ，旗を持つ。

旗を肩に置き，ポーズ。

> **指導のポイント**　ポーズ技は表情が大切です。最後の「キメ！」の際の表情を笑顔にすることで，技の印象が変わります。

ロックンローラー

迫力のある技です。最初とキメポーズで，旗を持つ手が替わるところがポイントです。

カウント

　　　　　　　　　　1 2 3 4　　　　　　　　5 6 7 8

順手・オープンで下向き，肩幅に足を開いて構える。

足で蹴り上げ，弧を描くように旗を振り上げる。その際に手を持ち替える。

体を前にかがめて，旗を中段に構える。

持ち替え1

旗の持ち手が変わる技です。腕と肘を伸ばすことで，かっこよく見えます。

カウント	1	2	3 4

順手・クローズ・斜め下に構える。

頭上に旗が来たときに，手を入れ替える。

旗を斜め下に下ろす。

 ## 持ち替え2

回転させるときに手を入れ替える技です。手首を柔らかくして，上手に使いましょう。

カウント	1	2	3 4

片手で旗の真ん中を持ち，腕を広げて構える。

旗を斜め上に振り上げる。頭上で回転させると同時に，手を持ち替える。

反対の手で旗を振り下ろす。

> **指導のポイント** 持ち手を替えるときに，ただ持ち替えるよりも，持ち替え技を用いることで，かっこよく見せることができます。

持ち替え横振り

持ち替えの技です。複数人でずらして行うことで，大きな流れをつくり出すことができます。

カウント ▶　　　　1　　　　　　　　　　2　　　　　　　　　34

順手・ハーフ・中段横に構える。

体の前をゆっくり移動させると同時に，手を持ち替える。

入れ替えた持ち手のまま，横に払う。

> **指導のポイント**　左右の手を持ち替えるときは，できるだけスムーズに行うようにしましょう。柄をたどるように手を動かすと，無駄なくできます。

プロペラ持ち替え

持ち替え技の中でも見栄えがよく，簡単でかっこいい技です。

カウント ▶　　　　12　　　　　　　　　34　　　　　　　　5678

順手・オープン・斜め下に構える。

旗を片手で回転させながら，頭上に持ち上げる。頭上で手を持ち替える。

そのまま回転させながら，反対方向に下ろす。

🚩 クイック持ち替え

持ち手が替わる技の1つです。旗を早く動かすことが，美しく見せるコツです。

カウント　　　　　　　1　　　　　　　　　2

順手・ハーフでやや真ん中部分を持つ。　左手で投げて，右手でキャッチする。　旗を横に倒す。

🚩 ロケット

動きが単純な技です。複数人で一斉に行う，ずらして行うなど様々な場面で活用できる技です。

カウント　　　1 2　　　　　　　3 4　　　　　　5 6 7 8

順手・クローズ・下段でしゃがんで構える。　立ち上がると同時に，旗を振り上げる。　顔を上げたまま，そのまま待機。

> **指導のポイント**　旗を振り上げるときに，胸をしっかりと張り，目線を旗の方向に向けましょう。体に力が入り，かっこよく見えます。

第2章 「フラッグ運動」の技　全部紹介！

横旋回

低～高学年どの学年にもおすすめの技です。ゆったりとした曲に合わせると，とても美しく見えます。

カウント　　　　1 2　　　　　　　　　3 4　　　　　　　　5 6 7 8

旗の柄と布を持ち，しゃがんだ状態から，旗を動かす。／手はそのままで，頭上を移動させる。／そのまま移動させ，最初と逆方向に向いてしゃがむ。

 ## 虹

簡単な技で，どの学年にもおすすめです。腕を伸ばして，大きく見せましょう！

カウント　　　　1 2　　　　　　　　　3 4　　　　　　　　5 6 7 8

順手クローズでしゃがんで構える。／立ちながら大きくゆっくり移動させる。／体の向きを変え，逆方向にしゃがんで旗を下ろす。

> **指導のポイント**　ゆっくりだとなかなか旗は広がりません。そこで大きく回すことを心がけましょう。布が広がり，風になびく旗がとても美しく見えます。

イナバウワ 32

動きが簡単で，低学年におすすめです。体を大きく反らせることで動きが大きくなり，かっこよく見えます。

カウント　　　1　　　　　　　　234　　　　　　　　5678

順手・ハーフ・中段に構える。　　体を後ろに反りながら，旗を上げる。　　後ろまで反ったら，素早く元の体勢に戻る。

塔 33

高学年向きの技です。ゆったりとしたテンポの曲に合う技です。

カウント　　　1　　　　　　　　234　　　　　　　　5678

片手で旗の端を持ち，足を少し広めに開いて待機。　　後ろに倒れながら旗を上げていく。　　手をついてそのままの状態で待機。旗は布が垂れるように少し傾ける。

> **指導のポイント**　「イナバウワ」も「塔」も体を大きく反らせることでかっこよく見えます。ゆっくり旗を動かしながら，ゆっくりと反りましょう。

第2章 「フラッグ運動」の技 全部紹介!　43

マントヒヒ

マントヒヒの動きを表現した技です。場を盛り上げたいときに適した技です！

カウント▶

逆手・ハーフ・中段に構える。

片足を上げると同時に，旗を同じ方向に両手で持ち上げる。

逆の足を上げると同時に，同じように旗を持ち上げる。

馬

馬に乗って走る様子を表現した技です。アップテンポな曲に適した技です。

逆手・ハーフで旗を横向きで構える。

持ち手はそのままで，体の前に突き出す。足はその場でステップ。

旗を体に引き寄せつつ，逆の足でステップ。

指導のポイント　「マントヒヒ」や「馬」は，できるだけ足を高く上げたり，高く跳ねたりして，動きを大きく見せましょう。笑顔で行うことで，観る人をあたたかい気持ちにします。

ゾウ

低学年におすすめの技です。ゾウの鼻のように大きく振ると迫力が出ます。

カウント▶

順手・クローズ・下段で旗を倒して構える。

持ち手はそのままで、旗を横に動かす。旗とは逆方向の足を上げる。

旗を逆方向に動かし、逆方向の足を上げる。

キリン

低学年におすすめの技です。旗を高く上げることで動きを大きく見せることができます。

カウント▶

順手・クローズ・中段で構える。

1歩前へ進むと同時に、旗を下から上に突き出す。

後ろ足に体重をかけながら、旗を上下させる。

> **指導のポイント**　動物を表現する技は、その動物になりきることが大切です。練習の際には、鳴き声もものまねさせてみましょう。表情が豊かになり、場が和みます。

レレレのおじさん

ほうきで掃くように，旗を払う技です。大きく動かすことで迫力が増します。

カウント　　　　　　　　　　　１２　　　　　　　　　　３４

逆手・オープン・上段に構える。　　足はステップを踏みながら，弧を描くように旗を振る。　　逆方向にステップを踏みながら，旗を振る。

 ## えっさ！ほいさ！

テンポの速い曲に適した技です。突き上げる際には，腕を伸ばし，技を大きく見せましょう。

カウント　　　　　　　　　　　１２　　　　　　　　　　３４

順手・オープン・上段に構える。　　前にステップを踏みながら，旗を突き上げる。　　後ろにステップを踏みながら，旗を後ろに引く。

> **指導のポイント**　上記の２つの技は，体を大きく動かすことで見栄えがよくなります。旗の突き出す際の腕の伸び具合，ステップの際の足の高さなどを意識しましょう。

穴掘り

動きが簡単なので低学年にもおすすめです。ずらして行うことで迫力が出ます。

カウント▶

順手・オープン・中段斜め下に構える。

1 2

横方向にステップしながら旗を突き上げる。

3 4

反対方向にステップを踏みながら、柄の方を後ろに上げる。

ライジングサン

難易度の高い技です。ステップを踏みながら旗を振り下ろします。

カウント▶

1

順手・ハーフ・中段の構えからステップを踏みながら旗を振る。

2

逆方向にステップを踏みながら、旗を振り下ろす。

3 4

1，2と同じことを繰り返す。

> **指導のポイント**　「ライジングサン」は，旗と足，両方をタイミングよく動かさなくてはならない難しい技です。旗の動きとステップを分けて練習していきましょう。

ルンルン

全学年におすすめの技です。場を盛り上げたい際に適した技です！

カウント　　　　　　1 2 3 4 5 6　　　　　　　　　　7 8

旗を立てて置き，片手で持ちながら待機。　　旗を中心に，そのまわりをスキップで回る。　　2回転したらポーズ。

> **指導のポイント**　陽気な感じを出すために，スキップは足をしっかり上げて高く跳ねましょう。最後のポーズも笑顔で行うことがポイントです。

 ## Xジャンプ

旗と体でXの字を表現します。テンポの速い曲に合う技です。

カウント　　　　　　　　1 2　　　　　　　　　　3 4

順手・オープン・中段で構える。　　旗を斜め上方向に突き出すと同時に，逆方向に両足で跳ぶ。　　逆方向に旗を突き出し，足も逆方向に両足で跳ぶ。

エアロビ

エアロビクスのように,足と旗を軽快に動かす技です。

カウント

1

順手・オープン・中段の構えから,旗を上げる。

2

上げた旗と反対側の足を上げると同時に,旗の柄を膝に近づける。

3 4

左右反対で同じことをする。

> **指導のポイント** 旗や足を上げるタイミングがつかみにくく,難しい技です。旗と足を分けて練習することをおすすめします。

 ## ほうき

高学年向きです。最後の払いを速くすることで,技にキレが出ます。

カウント

1 2

逆手・オープン・中段の構えから,頭上で旋回させる。

3

斜め下方向に旗を振り下ろす。

4

旗を払う。

手首返し

高学年向きの技です。旗をいろいろな向きに旋回させる，かっこいい技です。

カウント

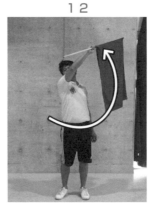
1 2

3

片手で旗の中央を持ち，下段で構える。

頭上で手首をひねりながら，旋回させる。

中段に持ってきて，手首をひねって旗を体の方へ近づける。

カウント

4

5 6

7 8

腕と体の間を1回転させる。

手首と腕を使って，頭上で旋回させる。

振り下ろして構える。

指導のポイント 旋回させるときは，手首を返して旗を回します。腕と体の間を回すことがうまくできないときは，旗の角度を変えると体に当たらず回すことができます。

3 回転技

体を回転させて行う技です。
9種類の技を紹介します！

🚩 振り返り

 47

素早い体の回転と，大きな音。列ごとにずらして行うと迫力が出ます！

カウント　　　　　　　　　　1　　　　　　　　　　　2

後ろを向き，順手・オープン・中段で構えて待つ。

旗を片手で持って，軸足を中心に背中側に素早く回転させる。

180度回転させて，順手・オープン・中段で構える。

🚩 突きターン

 48

力強さが表現できる技です。「えい！」「やー！」など，声を出すことで迫力が増します！

カウント　　　1 2 3 4　　　　　　　5 6　　　　　　　7 8

順手・オープン・中段の姿勢から，旗の先を突き出す。

後ろの足を軸足にして，旗の先を下向きに，半円を描くように回転させる。

旗を頭の上まで上げて，旗の先を突き出す。

第2章 「フラッグ運動」の技　全部紹介！　51

小回転

2つの回転を組み合わせた技です。旗も体の回転も「大きく」「ゆっくり」を心がけることで，美しさが増します。

> カウント

　　　　　　　　　　　　１２　　　　　　　　　　　３

順手・オープン・斜めに構える。　　旗の先を下に向けたまま，背中の後ろに回す。　　旗を体の後ろに通して，体の前に持ってくる。

> カウント

　　　４　　　　　　　　　　５６　　　　　　　　　　７８

はじめの姿勢に戻す。　　旗を持った姿勢のまま，軸足を中心に回転する。　　１回転させてはじめの姿勢に戻す。

指導のポイント　ゆっくり旗を回してから，素早く体を回転させることで，動きにメリハリをつけましょう！

 →

ゆっくり回す　　　　素早く回転

大回転

旗の回転と体の回転を組み合わせた技です。旗の動きを大きくすることで迫力のある演技になります。

カウント

順手・ハーフで立って待つ。

1 2

旗を水平に振りながら、左足を軸足として体を1回転させる。

3

1回転したら旗を上段に持っていき、旋回させて体の前に持ってくる。

カウント

4

片手で旗を背中の後ろへ回し、持ち替える。

5 6

正面に旗を持ってきて両手で持つ。

7 8

上段に持っていった後、振り下ろす。

指導のポイント 上段に構えた後、旗を素早く振り下ろす際の音で技にメリハリをつけましょう。

 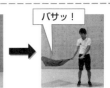

風車

前半の旗の小さな回転と，後半の体を使った大きな回転を組み合わせた技です。2つの異なる種類の回転を組み合わせることで，メリハリのきいた技になります。

カウント▶

| | 1 2・5 6・1 2 | 3 4・7 8・3 4 |

順手・ハーフで立って待つ。

右手だけを使い，体の前で旗を1回転させる。

背中の後ろに旗を待っていく。後ろで1回転させ，再び前に持ってくる。

※2，3番目の動きを3回繰り返してから，4番目の動きにいく。

カウント▶ 　　5　　　　　　　　6　　　　　　　　7 8

旗を体の前に持ってきて，旗に左手をそえる。

順手・ハーフで旗を持ったまま，右足を軸に体を1回転させる。

はじめの姿勢に戻る。

> **指導のポイント** 体と旗を同時に回転させるときは，勢いをつけることでスムーズに体が回り，なおかつ旗の音が大きくなって迫力も増します！
>
> バサッ！

スキップ　　　　　　　　　　　　　　　　52

ゆったりとした動きの技です。テンポの遅い曲に合わせると一層見栄えがします！

3 回転技

カウント▶　　　　　　　　　　　１２　　　　　　　　　　　　３

片手で旗を持ち，手を交差させてスタート。　　横移動しながら手を広げる。　　手を交差に戻しながら，体を180度回転させる。

カウント▶　　　　４　　　　　　　　　　　５６　　　　　　　　　　　７８

体を回転させた後，横移動しながら手を広げる。　　再び手を交差して体を回転させ，横移動しながら手を広げる。　　旗を持つ方の腕を１回転させてキメる。

指導のポイント　はじめの手の交差のときに体を進行方向と逆に傾ける，横移動して手を広げる際には，跳びはねる動きを入れるのがおすすめです。演技に流れが生まれ，より美しく見せることができます。

振り下ろし

上級者向けの難易度の高い技です。ソロパートなどで使用すると効果的です！

カウント

1

順手・オープンで立って待つ。

旗を担ぐように持ち，左足を軸足として体を180度回転させる。

180度回転したら軸足を右足に変える。

カウント 2 3 4

そのまま右足を軸に体を180度回転させる。

回転のスピードを利用してジャンプ！

一気に振り下ろす。

指導のポイント　ジャンプのタイミングは旗を振り上げるのと同時です。回転の力が利用できてより高くジャンプできます。また，力強く振り下ろすことで大きな音が出て，迫力の増した演技となります。

バームクーヘン

ゆったりとした曲に合わせやすい技です。列ごとにずらしたり，回転数を増やしたりすることで幅広く活用できます！

カウント

旗の真ん中と旗と柄の境をハーフで持つ。

1

片手を放して体を回転させる。旗も体に沿わせて回転させる。

2

旗が背中に回ってきたら，手を持ち替える。

カウント

3

旗が体の正面に回ってきたら，手を持ち替える。

4

1回転したら体を止める。旗は回し続ける。

5678

旗を背中に回して止める。

指導のポイント　はじめに旗を体に沿わせて回す練習を行ってから体の回転と合わせる練習を行うと，簡単に技を習得することができます。

背面回転

旗の大きな動きと音で迫力満点の技です。動きが難しくないので、初級者におすすめです！

カウント

順手・クローズ・中段で立って待つ。

1

旗を回しながら、体を180度回転させる。

2

体を止めて、背面に旗を持っていく。

カウント

3 4 5 6

背面で旗を2回転させる。

7

背面で2回転したら、体を180度回転させて正面を向く。

8

順手・ハーフ・中段で構えて止める。

指導のポイント 背面で2回転させるときに、素早く回転させましょう。旗が広がって、きれいに見せることができます。

4 組み合わせ技

これまでに紹介した技を基に，つなぎ合わせた発展の技です。13種類の技を紹介します！

🚩 持ち替え・ターン

「持ち替え」と「ターン」を組み合わせた技です。旗の翻りをそろえることで，美しさが際立ちます。

1 2	3 4	5 6 7 8
	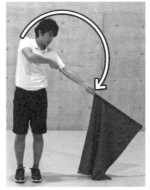	
順手・オープン・右下段	持ち替え（p.39頁参照）	左足を軸にして，回転をする。

🚩 傘・気をつけ

「傘」から気をつけの姿勢になります。場面の切り替え時などに有効な技です。

	1 2	3 4

傘（p.35頁参照）	右手に持ち替え	気をつけ！

第2章 「フラッグ運動」の技 全部紹介！

突き・オール・スイング

複数の立ち技を組み合わせた技です。払いの際に，音をそろえることでより迫力が増します。

> カウント

　　　　　　　　　　　　　　１２　　　　　　　　　３４

順手・ハーフ　　　　　　左足を出しながら突き　　　オール（p.29参照）
中段　　　　　　　　　　（p.26参照）

> カウント

　　　５６　　　　　　　　　７８　　　　　　　　　１２

後ろ→前へ払い　　　　　順手・オープン　　　　　突き
　　　　　　　　　　　　中段の構え

> カウント

　　　３４　　　　　　　　　５６　　　　　　　　　７８

オール　　　　　　　　　後ろ→前へ払い

 指導の手順として「上肢の動き→下肢の動き」と分けて指導するとよいでしょう。

持ち替え・ジャイアントスイング

「持ち替え」と「ジャイアントスイング」を組み合わせた技です。「ジャイアントスイング」では，なびく旗の美しさを表現できるように，旗を大きく回しましょう。

カウント

左下段から右上段へ振り上げる。

1 2

持ち替え（p.39参照）

カウント

3 4

左上段から右下段へ振り下ろす。

5 6 7 8

持ち替えを繰り返す。

1 2

オープン→クローズにして上段で回転させる。

カウント

3 4

もう一度ジャイアントスイングをする。

5 6

クローズでより大きく回す。

7 8

オープン・右下段

> **指導のポイント** 指導の手順として，先にオープン→クローズの回し方を指導するとよいでしょう。

X斬り・居合斬り

最後に旗を射抜く姿は，場面のキメポーズに最適です！

▶ カウント

X斬り
（p.26参照）

1

左上段から右下段へ振り下ろす。

2

下から上へ振り上げる。

▶ カウント

3

右上段から左下段へ振り下ろす。

4

下から上へ振り上げる。

5

オール（p.29参照）

▶ カウント

6

手首を返しながら旗を縦回転させる。

7

構え

8

片手で，左上段へ振り上げる。

指導のポイント　「X斬り」では，膝を使うことで高低差が生まれ，技をより大きく見せることができます。

斬鉄剣

旗を剣に見立てた動きが子どもたちに人気の技です。旗を振り下ろすときに，音を合わせることで，より迫力が増します。

カウント ▶

1

フワフワ（p.33参照）
※上肢のみ

2

$\frac{3}{4}$回転させ，頭上に持ち上げる。

3 4

X斬り（p.26参照）
下から上へ振り上げる。

カウント ▶

5

右上段から左下段へ振り下ろす。

6

下から上へ振り上げる。

7

左上段から右下段へ振り下ろす。

カウント ▶

8

下から上へ振り上げる。

1 2 3 4

上肢はフラッグを2回転・下肢は1回転→両手上げ

5 6 7 8

右上段→左下段へ勢いよく振り下ろす。

エクスカリバー

動きが大きく，大旗ならではの迫力を伝えられる技です。スイングの際の音で，迫力が増します。

> カウント

1
2

順手・オープン
下段・右構え

下から上へ振り上げながら回転する。

上肢はフラッグを2回転・
下肢は1回転→両手上げ

> カウント

3
4
5 6 7 8

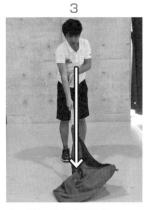

上→下へ振り下ろす。

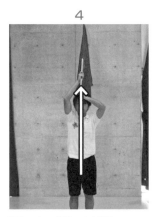

下→上へ振り上げる。

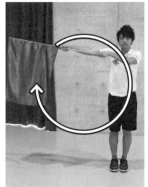

柄の真ん中を右手だけで持ち，1と$\frac{3}{4}$回転させる。

> **指導のポイント**
>
> 「斬鉄剣」「エクスカリバー」に共通している，「フラッグを2回転する間に，体を1回転させる」動きは子どもにとってわかりづらい動きです。はじめは，このわかりづらい動きに絞って練習するとよいでしょう。

龍虎乱舞1

「回転」と「払い」を組み合わせた技です。テンポよく，旗がくるくると回転する技であり，テンポよく進めたい場面におすすめの技です。

カウント▶ 　　　　　　　　　　　１２

※手の位置に注意

順手・オープン・左下段

体の前で，１回転させる。

カウント▶ ３　　　　　　４　　　　　　５６

※旗の柄は腕の上

上肢は右手でオール
下肢は反転する。

オープン（両手）に持ち直す。

カウント▶ ７８

後ろ→前へ払い

> **指導のポイント**
>
> 体の前で旗を１回転させるときは，左手だけで上げると勢いが弱く，回転速度が落ちてしまいます。左手を上げると同時に，右手を下げることがポイントです。
>
>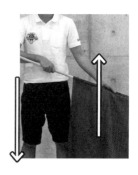

第２章 「フラッグ運動」の技 全部紹介！

龍虎乱舞2

「龍虎乱舞1」の発展技です。難易度が高く，高学年向きの技です。

カウント ▶　　　　５６　　　　　　　　　７８　　　　　　　　　１

※「龍虎乱舞1」の6コマまで同じ動き　　後ろ→前へ払い旗を上げる。　　オール（p.29頁参照）

カウント ▶　　　　２　　　　　　　　　３４　　　　　　　　５６

右下段→左上段へ振り上げる。　　右手・オープンの状態から手首を返して反時計回りに $\frac{1}{2}$ 回転する。　　左足を軸にして，体を正面に向ける。
※旗の柄の位置に注目

カウント ▶　　　　７　　　　　　　　　８

下から上へ時計回りに $\frac{1}{2}$ 回転させる。　　オープン・中段の構えで終わる。

> **指導のポイント**
>
> 「龍虎乱舞」はどちらも難易度が高く，一斉指導だけでは習得することが難しい技です。上肢や下肢の動きを分けて指導したり，グループで練習したりと，計画的な練習が必要です。

片手回し・持ち替え・ジャイアントスイング・ターン

「持ち替え」を発展させた技です。複数の色の旗を用いることで，より美しさが増します。

カウント

1

左手逆手・オープン・右上段・右構え

2 3

左手で柄の一番下を持ちながら振り上げる。

4
右手でキャッチ

カウント

5 6

旗を水平に，体の前で持ち替える。

7 8

1 2 3 4
ジャイアントスイング
（p.30参照）

カウント

5

旗は，オープン・中段にして，1回転する。

6

7

8

オープン・中段で終わる。

第2章 「フラッグ運動」の技　全部紹介！　67

背面回し・持ち替え・ほうき・プロペラ持ち替え

「背面回し」を発展させた技です。動きが複雑が故に、そろった際の美しさは観る者を魅了します！

カウント▶　　　1　　　　　　　　　　2　　　　　　　　　　3

オープン・右下段　　　右手で柄の先端を持ちな　　
　　　　　　　　　　　がら背面回し

カウント▶　　　4　　　　　　　　　5 6　　　　　　　　　7 8

肘を伸ばして大きく反時　　手を上下入れ替え、反時　　オープン・右下段
計回りに回転させる。　　　計回りに$\frac{1}{2}$回転させる。

カウント▶　　1 2 3 4　　　　　　　5 6　　　　　　　　　7 8

ほうき（p.49参照）　　プロペラ持ち替え　　　　オープン・右下段で終わ
　　　　　　　　　　　（p.40参照）　　　　　　る。

> **指導の ポイント**　片手で旗を「背面回し」することは、体格の小さい子どもにとって難しい動きです。子どもの実態に合わせて、旗を持つ位置を調整するとよいでしょう。

ロックンローラー＋・床トン

「ロックンローラー」を発展させた技です。旗を横回転させるので，隊形は横1列がおすすめです。

カウント▶

オープン・下段

1

ロックンローラー
（p.38参照）

2

フラッグを蹴り上げ，反時計回りに1と$\frac{3}{4}$回転させる。

カウント▶

3

右へ90度ターン

4

右手を左手に近づけ，クローズに持つ。

5 6

右手で手首を返しながら，反時計回りに1回転させる。

カウント▶

7

旗の先端を床に叩きつける。

8

右手を図のように柄の半分のところを持つ。

 指導のポイント

「ロックンローラー」の蹴り上げ後は，逆手で旗を持ち替えます。難易度が高いので，はじめは上肢と下肢を分けて練習を行うとよいでしょう。

第2章 「フラッグ運動」の技 全部紹介！

背面回し・持ち替え・オール・床トン

「背面回し」と「持ち替え」を組み合わせた技です。大きな回転で迫力十分な技です。

カウント

オープン・中段

背面回し（p.34参照）

カウント

オープン・右下段

持ち替え

オープン・左下段

カウント

持ち替え→右手で手首を返しながら反時計回りに1回転させる。

旗の先端を床に叩きつける。

右手を図のように柄の半分のところを持つ。

5 多人数技

複数人で取り組む技です。動きを合わせることが必要になります。
17種類の技を紹介します！

きのこ

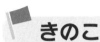

カウント	1234	56	78

右側　左手上　順手
　　　オープン・上段

左側　右手上　順手
　　　オープン・上段

カウントに合わせて，左右同時に片手で旗を持ち，回転させる。

旗の先端が合わさる位置で旗を止めてキメ。

クロス

低～高学年で取り組める技です。簡単にできるうえ，見栄えもするお得技です！

カウント		1234	5678

右側　左手上　順手
　　　オープン・上段

左側　右手上　順手
　　　オープン・上段

左側がカウントに合わせて，旗を斜めに振り上げる。

右側がカウントに合わせて，旗を斜めに振り上げる。

のれん

低～中学年向きの技です。のれんをめくる際の笑顔で，観ている人も思わずにっこり！

カウント　　　 １２　　　　　　　　　３４　　　　　　　　５６７８

 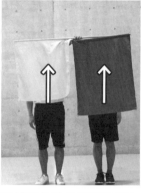 

右側
　逆手・左手片手持ち
左側
　逆手・右手片手持ち

顔が隠れるまで旗を持ち上げる。

内側の足を一歩前に出し，旗の間から覗き込むように顔を出す。

 ## 入れ替わり

見た目以上に難しい技です。2人のタイミングをいかに合わせるかが大切です。

カウント　　　１２３４　　　　　　　５６　　　　　　　　７８

左手で旗を持つ。

カウントに合わせて，同時に相手の旗を取りに行く。

旗を取ったら，その場で立つ。

指導のポイント　手を放した旗の行き先を予測して，動かなければなりません。少しだけ，相手側に傾けるように旗を倒すと相手が取りやすくなります。

「こ」の字

2人で息を合わせることが難しい技です。列を横に広げて大人数で行うと迫力が出ます！

カウント

1 2

3 4

左右　順手・オープン　　　　右側　腕を曲げずに右払い。　　左右　元に戻る。
　　　　　　　　　　　　　左側　しゃがむ。

カウント

5 6

7 8

右側　しゃがむ。　　　　　　左右　元に戻る。
左側　右払い。

> **指導のポイント**
> まずは，旗を持たずにカウントで2人の動きを合わせてみましょう！

受け渡し

高学年向きの技です。投げる高さが高いほど，美しさと迫力が増します。

カウント

1 2 3 4

5 6

7 8

左手上　順手・オープン　　　旗を相手に投げる。　　　　　受け取った旗を構える。
旗を斜めに傾ける。　　　　　※安全のため，練習のときは必　順手・オープン・中段
　　　　　　　　　　　　　　ず1人ずつ行ってください。

スライド

全学年で使える，旗を振らない技です。構成のアクセントに活用できる万能な技です。

カウント　　　　　　　　１２　　　　　　　　３４

旗を地面に立てて待つ。　外側の手で旗を持ち，内　元に戻る。
　　　　　　　　　　　　側の手をキメる。

カウント　　　　５６　　　　　　　　７８

内側の手で旗を持ち，外　元に戻る。
側の手をキメる。

> **指導のポイント**
> 体を大きく使い，指先まで伸ばすことを意識すると，技がよりきれいに見えます。

 ## チェンジ

旗の動きが美しい基本技です。2人の息を合わせることでよりきれいに見えます！

カウント　　　１２３４　　　　　　　　５６　　　　　　　　７８

右側	順手	オープン
左側	左手	順手
	右手	逆手

左右同時のタイミングで，左手を支点に旗を回転させる。

回転してきたペアの旗を受け取る。8のタイミングで，自分の旗の柄を持つ。

二人凸凹

中〜高学年向きの技です。多人数で取り組むことで、見栄えと迫力が増します！

カウント

|右側|
順手・ハーフ・上段
|左側|
順手・ハーフ・上段

|右側|
しゃがみながら、旗を振り下ろす。
|左側|
右足を引きながら、旗を振り下ろす。

|右側|
しゃがんだまま、旗が頭上を通過するのを待つ。
|左側|
反転しながら、旗を横に払う。

カウント

|右側|
旗を振り上げながら、立ち上がる。
|左側|
足を戻しながら、旗を振り上げ、立ち上がる。

|右側|
左足を引きながら、旗を振り下ろす。
|左側|
しゃがみながら、旗を振り下ろす。

|右側|
反転しながら、旗を横に払う。
|左側|
しゃがんだまま、旗が頭上を通過するのを待つ。

| カウント | 7 8 | 1 | 2 |

 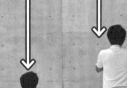 

[右側] 足を戻しながら,旗を振り上げる。
[左側] 足を戻しながら,旗を振り上げ,立ち上がる。

[右側] しゃがみながら,旗を振り下ろす。
[左側] 左足を引きながら,旗を振り下ろす。

[右側] しゃがんだまま,旗が頭上を通過するのを待つ。
[左側] 反転しながら,旗を横に払う。

| カウント | 3 4 | 5 | 6 |

 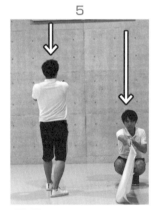 

[右側] 旗を振り上げながら,立ち上がる。
[左側] 足を戻しながら,旗を振り上げる。

[右側] 右足を引きながら,旗を振り下ろす。
[左側] しゃがみながら,旗を振り下ろす。

[右側] 反転しながら,旗を横に払う。
[左側] しゃがんだまま,旗が頭上を通過するのを待つ。
※カウント7 8で元に戻す。

指導のポイント 足の運び方がとても難しい技です。足の運び方を習得してから,旗を用いて練習するようにしてみましょう。

🚩 ランジ

高学年向きの，迫力ある技です。曲の最後にふさわしい大技です！

カウント ▶ 　1 2 3 4 5 6 7 8　　　　1 2 3 4 5 6 7 8　　　　1 2 3 4 5 6 7 8

両端の子どもが腰を低くして土台をつくる。外側の手で旗を持つ。中央の子どもが片足ずつ太ももの上に乗る。

土台の子どもは，中央の子どもの膝あたりを持って支える。

|中央の子ども|
順手・オープン・上段

|土台の子ども|
外側の旗を斜めに掲げる。

🚩 サンライズ

高学年の大技です！　フィナーレなどで活躍します！

カウント ▶ 　1 2 3 4 5 6 7 8　　　　1 2 3 4 5 6 7 8　　　　1 2 3 4 5 6 7 8

両側の子どもがお尻を合わせる姿勢で四つん這いになる。

中央の子どもが片足ずつ腰のあたりに乗る。

|中央の子ども|
順手・オープン・上段
安定したら，旗を受け取り，上に掲げる。

> **指導のポイント**　はじめは，旗を持たずに技にチャレンジしてみましょう。フィナーレで，花などの多人数技と組み合わせることで，より技がきれいに見えます。

第2章　「フラッグ運動」の技　全部紹介！

タンポポ

高さの低い花です。カウントに合わせて，開閉を繰り返すと技がよりきれいに見えます！

カウント　　1　2　3　4　5　6　7　8

 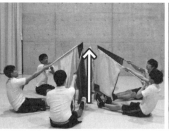 

順手・ハーフ
長座で，旗の先端を中央でそろえる。

カウントに合わせて，ゆっくりと旗を上に上げていく。上げきったところで体を倒していく。

背中が地面についたところで，旗が広がるように少しだけ旗を外側に傾ける。

 ## チューリップ

中ぐらいの高さの花です。曲想によって，一気に花を咲かすことができるのも魅力です！

カウント　　1　2　3　4　5　6　7　8

順手・オープン・下段
右膝を立てて待つ。

旗の先端を見ながら，カウントに合わせてゆっくりと旗を上に上げていく。

旗が広がるように少しだけ旗を外側に傾ける。

> **指導のポイント**　花は，咲くタイミング，咲くスピード，咲き方を変えることで，様々なバリエーションで演技をすることができます。また，3つの花を組み合わせたり，人数を変更したりすることで，技がさらにきれいに見えます。

ひまわり

高さのある花です。人数を増やし，フィナーレで使用することもできる技です！

カウント 　１　２　　３　４　５　６　　７　８

順手・オープン・下段
旗の先端を中央でそろえる。

視線を旗の先端に向け，ゆっくり旗を上に上げていく。

目線は空。旗が広がるように少しだけ旗を外側に傾ける。

 ## 6つの塔

1人技を組み合わせた技です。多人数で行うことで，より迫力と一体感が増します。

カウント 　１２３４　　　　５６　　　　　７８

順手・オープン
中央で旗の先をそろえる。

カウントに合わせて，右手を広げ，地面に向けて左手を出す。

旗の先を空へ向ける。おへそを上に突き出す。

第2章 「フラッグ運動」の技　全部紹介！

メリーゴーランド1

旗のはためきが，とても美しく見える技です。構成によって，人数を調整できるのもメリーゴーランドの魅力です！

カウント　　1　2　　3　4　5　6　　7　8

順手・右片手持ち。旗の角度は斜め上で，左手を中央でそろえる。　　旗の高さを下げないように，進行方向に向かって同じ歩幅で歩く。　　180度回転して止まる。

指導のポイント　旗の先端の高さをそろえるために腕の角度を調整すると，技がよりきれいに見えます。子ども同士で高さを見合うことが大切です。

 ## メリーゴーランド2

低～高学年で行うことができる技です。お互いの距離を旗で測ると，きれいな円形をつくることができます。

カウント　　1234　　　　　56　　　　　78

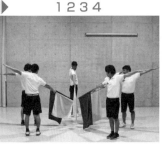 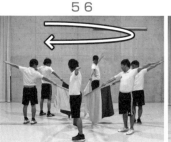 

順手・右片手持ち
旗の角度，斜め上
旗の先端を中央でそろえる。　　旗の先端から右手までを一直線にして，進行方向に向かって歩く。　　180度回転して止まる。正面の人と常に直線になるように歩くなど，歩く目安があると技がきれいに見える。

第 **3** 章

運動会ですぐに使える！
団体演技「フラッグ運動」大公開！

さあ，いよいよ演技構成です！　技，動き，音楽を組み合わせて，1つの演技にしていきます。

ここでは，運動会ですぐに使えるプログラム例を紹介します。低学年用，中学年用，高学年用に分けて見ていきます。子どもの実態に応じて参考にしてください。

集団演技作品

低学年1曲目 「おどるポンポコリン」(E-girls)

入場前	❶～❹〈前奏〉隊形① 長方形	❺〈Aメロ〉なんでもかんでもみんな	❻ おどりをおどっているよ
(トラック図　指揮台)	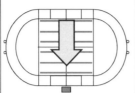		
横一列　数列で待機	旗をはためかせて移動 ※しゃがんで待機	ロケット 1234　5678 「イェー」旗を上げる	順手・オープン・中段 1234　5678 5で戻す

❼ おなべの中からボワッと	❽ インチキおじさん登場	❾〈Bメロ〉いつだってわすれない	❿ エジソンは　えらい人

ゾウ 1234　5678 2回目の「ボワッと」 で「パオーン！」	順手・オープン・中段 1234　5678 5で持ち替え1準備	持ち替え1 1234　5678 8拍かけて　持ち替え1	持ち替え1 1234　5678 8拍かけて戻す

⓫ そんなの　じょうし	⓬ き～　タッタタラリラ	⓭〈サビ〉ピーヒャラピーヒャラパッパパラパ	⓮ ピーヒャラピーヒャラパッパパラパ

茎わかめ 1234　5678 次の「き～」まで続ける	茎わかめ 1234　5678 「タッタタラリラ」で 振りかぶる	X斬り 1234　5678 8×2繰り返す	X斬り 1234　5678

⓯ ピーヒャラピーヒャラおへそがちら	⓰ り～　タッタタラリラ	⓱ ピーヒャラピーヒャラパッパパラパ	⓲ ピーヒャラピーヒャラおどるポンポコリン

隙間から！ 1234　5678 「ちらり」で顔を出す	1234　5678 「タッタタラリラ」で ジャイアントスイング準備	ジャイアントスイング 1234　5678 8×2繰り返す	ジャイアントスイング 1234　5678

⑲ ピーヒャラピお腹がへった	⑳ 〈間奏〉よ〜	㉑ 〈Aメロ〉あの子もこの子もみんな	㉒ いそいで歩いているよ
ルンルン 1234 5678 「お腹がへった」でキメ	1234 5678 5で戻す 順手・オープン・中段	マントヒヒ 1234 5678	順手・オープン・中段 1234 5678 5で戻す
㉓ でんしんばしらのかげから	㉔ お笑い芸人登場	㉕ 〈Bメロ〉いつだって 迷わない	㉖ キヨスクは 駅の中
傘 1234 5678 1で旗を横にする 5でキメる	順手・オープン・中段 1234 5678 5で持ち替え1準備	持ち替え1 1234 5678 8拍かけて持ち替え1	持ち替え1 1234 5678 8拍かけて戻す
㉗ そんなの ゆうめ	㉘ い〜 タッタタラリラ	㉙ 〈サビ〉ピーヒャラピーヒャラパッパパラパ	㉚ ピーヒャラピーヒャラパッパパラパ
茎わかめ 1234 5678 次の「き〜」まで続ける	茎わかめ 1234 5678 「タッタタラリラ」 で振りかぶる	X斬り 1234 5678 8×2繰り返す	X斬り 1234 5678
㉛ ピーヒャラピーヒャラ人参いらな	㉜ い〜 タッタタラリラ	㉝ ピーヒャラピーヒャラ パッパパラパ	㉞ ピーヒャラピーヒャラ おどるポンポコリン
隙間から！ 1234 5678 「にんじん」で顔を出す	1234 5678 「タッタタラリラ」で ジャイアントスイング準備	ジャイアントスイング 1234 5678 8×2繰り返す	ジャイアントスイング 1234 5678

低学年

第3章 運動会ですぐに使える！団体演技「フラッグ運動」大公開！

㉟ ピーヒャラピブタのブータロー ルンルン 1234　5678 「ブータロー」でキメ	㊱〜㊸〈間奏〉隊形②へ移動　　隊形②　長方形　線上 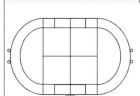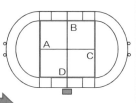 旗を上げて　　　　　しゃがんで待機 なみ足で移動　　　　順手・オープン・中段		㊹〈Bメロ〉いつだってわすれない  ロケット 1234　5678 1でAが立つ
㊺ エジソンはえらい人  ロケット 1234　5678 1でBが立つ	㊻ そんなのじょうし 1234　5678 1でCが立つ	㊼ き〜　タッタタラリラ  1234　5678 1でDが立つ	㊽ タラリラタラリラ  1234　5678 1で一斉にしゃがむ 5でX斬り準備
㊾〈サビ〉ピーヒャラピーヒャラパッパパラパ  X斬り 1234　5678 1でAが立つ	㊿ ピーヒャラピーヒャラパッパパラパ  X斬り 1234　5678 1でBが立つ	51 ピーヒャラピーヒャラおへそがちらり  X斬り 1234　5678 1でCが立つ	52 タッタタラリラ  X斬り 1234　5678 1でDが立つ
53 ピーヒャラピーヒャラパッパパラパ  ジャイアントスイング 1234　5678 8×2繰り返す	54 ピーヒャラピーヒャラおどるポンポコリン ジャイアントスイング 1234　5678	55 ピーヒャラピお腹がへった  ルンルン 1234　5678 「お腹がへった」でキメ	56 よ〜  1234　5678 ジャン　　順手・中段・ハーフ ジャン　　しゃがむ ジャーン　旗を上げて

低学年2曲目 「勇気100%」(Sexy Zone)

❶ 〈前奏〉(8拍) 隊形①へ移動 隊形① [図] 指揮台	❷ 〈前奏〉(8拍)	❸ がっかりして めそめそして 1234　5678	❹ どうしたんだい　太 1234　5678	❺ 陽みたいに　笑うき 1234　5678
❻ みは　どこだい 移動 → 1234　5678	❼ やりたいこと やったもん勝ち 1234　5678 オール	❽ 青春なら　つら 1234　5678 オール	❾ いときは いつだって　そば 1234　5678 スライド	❿ に　いるから　夢 1234　5678 スライド
⓫ は　でかくなけりゃ 1234　5678 『縦斬り』WAVE 中央から順にしゃがむ	⓬ つまらないだろう 1234　5678	⓭ 胸をたたいて　冒険 1234　5678 『ロケット』WAVE 両端から立ち上がる	⓮ しよう　そうさ 1234　5678	⓯ 100% 勇気　もう 前へ行進 → 1234　5678 中段オープン構え
⓰ がんばるしか ないさ　この 前へ行進 → 1234　5678	⓱ 世界中の元気　抱き 1234　5678	⓲ しめながら　そうさ 1234　5678 1拍目でフラッグを水平に	⓳ 100% 勇気　もう 1234　5678 「こ」の字	⓴ やりきるしか ないさ　ぼく 1234　5678 「こ」の字
㉑ たちが持てる 輝き　永 1234　5678 右側は動かず，左側が 寄る	㉒ 遠にわすれな 1234　5678 4拍で互いのフラッグ をクロス・5で上げる	㉓ いでね　〈間奏①〉 1234　5678 1拍目でポーズ	㉔ 1234　5678 ポーズを維持	㉕ 隊形②へ移動 → 1234　5678

㉖〈間奏①〉	㉗ ぶつかったり 傷ついたり	㉘ すればいいさ HEAR（ハー）	㉙ T（ト）が燃え ているなら 後	㉚ 悔しない
隊形②へ移動　　　　　　　　　　　　　　　　　　　　　　　　→				
隊形② （A, B, C の配置図）		1234　5678	1234　5678	1234　5678
㉛ じっとしてちゃ はじまらない	㉜ このときめき きみ	㉝ と追いかけて ゆける 風	㉞ が好きだよ 昨	㉟ 日 飛べなかった
1234　5678 円を拡張 フラッグを前に突き出し，前進して円を広げる	1234　5678	1234　5678 円を縮小 反転して円の中央へ向かって前進	1234　5678	1234　5678 『虹』WAVE 内から外へ『虹』をしてしゃがむ
㊱ 空があるなら	㊲ いまあるチャンス つかんで	㊳ みよう そうさ	㊴ 100% 勇気 さぁ	㊵ 飛び込むしか ないさ まだ
1234　5678 『虹』WAVE	1234　5678 1拍目でA・5拍目でBが立つ（上段）	1234　5678 1拍目でC立つ（上段）・7拍目で時計回り方向を向く	1234　5678 メリーゴーランド2	1234　5678 メリーゴーランド2
㊶ 涙だけで終わる とき	㊷ じゃないだろう そうさ	㊸ 100% 勇気 もう	㊹ ふりむいちゃ いけない ぼく	㊺ たちはぼくたち らしく どこ
1234　5678 反転メリーゴーランド2 持ち替えて反時計回りに回転	1234　5678 反転メリーゴーランド2	1234　5678 メリーゴーランド1 持ち替えずにフラッグを外側斜め上に向けて行進	1234　5678 メリーゴーランド1	1234　5678 メリーゴーランド1
㊻ までも 駈けてゆ	㊼ くのさ 〈間奏②〉	㊽	㊾	㊿
			隊形③に移動　　　　　　　　　　　　　　　　　　→	
1234　5678 内側を向いて立て膝	1234　5678 チューリップ 1拍目で素早くフラッグを上げ，体を反らせる	1234　5678 チューリップ 8拍維持する	1234　5678	1234　5678

86

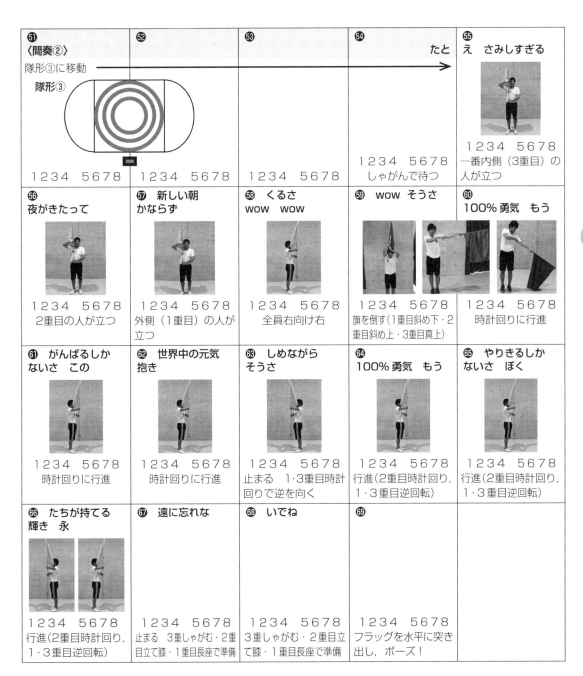

中学年1曲目 「恋」(星野 源)

隊形① 縦12列	❶〈前奏〉 ターラララ ターラララ	❷ ターラララ ターラララ	❸ ターラララ ターラララ
 全列とも前方を向く。	 1234 5678 1〜4で奇数列 5〜8で偶数列が持ち替え	 1234 5678 1〜4で奇数列 5〜8で偶数列が反対に持ち替え	1234 5678 1〜4で投げ出し 5〜8で反対に持ち替え

❹ ターターータタタッタッター	❺〈Aメロ〉 いとなみの	❻ 街がくれたら色めき	❼ 風たちは運ぶわ
 1234 5678 1〜4で8の字, 5上7水平	 1234 5678 12上34水平 56上78水平	 1234 5678 旗を地面に立てて持つ	 1234 5678 12前34後ろ 56前78元の位置

❽ カラスと人々の群れ	❾ 意味なんか	❿ ないさ暮らしがあるだけ	⓫ ただ腹をすかせて
 1234 5678 ちょっとだけよ準備 5で顔を出す	 1234 5678 12上34水平 56上78水平	 1234 5678 旗を地面に立てて持つ	 1234 5678 12前34後ろ 56前78元の位置

❷
君のもとへ帰るんだ

1234　5678
ちょっとだけよ準備
5で顔を出す

❸ 〈Bメロ〉
物心ついたらふと

1234　5678
フワフワで横に移動

❹
見上げて思うことが

1234　5678
フワフワで元の位置に戻る

❺
この世にいる誰も

1234　5678
2拍ずつX斬り

❻
二人から

1234　5678
1〜4で8の字
5上7水平

❼ 〈サビ〉
胸の中にあるもの

1234　5678
ジャイアントスイングは
2拍1回を3回する
78で待機

❽
いつか見えなくなるもの

1234　5678
向かい合って待機
入れ替わり準備

❾
それはそばにいること

1234　5678
1で同時に相手の旗を
取りに行く

❿
いつも思い出して

1234　5678
向かい合って待機
投げ渡し準備

⓫
君の中にあるもの

1234　5678
1で旗を投げ渡し

⓬
距離の中にある鼓動

1234　5678
投げ渡し準備

⓭
恋をしたのあなたの

1234　5678
1で旗を投げ渡し

中学年

㉔ 指の混ざり頬の香り  1234 5678 1〜4で奇数列 5〜8で偶数列が旗を水平にする	㉕ 夫婦を超えてゆけ  1234 5678 全員で持ち替え	㉖ 〈間奏〉 タン　タララララン ララン ララ  1234 5678 順手・オープン・中段で走って移動	㉗ 隊形② 二重円 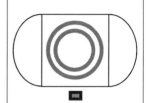
㉘ 〈間奏〉 タン　タララララン ララン ララ 　　　　　　→ 1234 5678	㉙ 〈間奏〉 タン　タララララン ララン ララ   1234 5678 1〜4順手・ハーフ・下段 56　そのまま上段へ 78　「やあ！」でキメ		

> **ここがポイント！**
>
> 小学生にも人気だった恋ダンス。子どもたちにとって馴染みあるフリを取り入れることで，一層楽しんで練習できるだろうと考えました。サビには，2人で行う技を設定しました。まずは2人で息を合わせ，技の成功率を高めましょう。カウントに合わせる練習はそれからでも遅くありません。技の習得とタイミングをはかることを分けて取り組むことで，結果的に早く全体の動きがそろうようになります。また，子どもたちが考えた動きや技などを取り入れることで，子どもたちの意欲がより高まります！

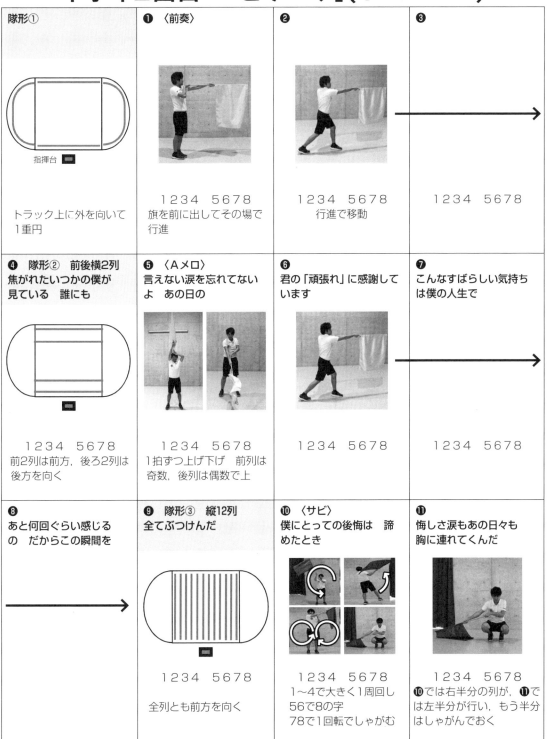

⓬ まだ何にも始まっちゃいない自分で決めた道	⓭ だから少し楽しんでいこう 始まりの声がする	⓮ 〈間奏〉	⓯ 隊形④ H型 いつか
			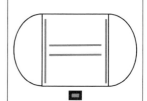
1234 5678 12で右半分の列が、56で左半分が1回転しながら立つ	1234 5678 1拍で下右左右 下左右左	1234 5678 行進で移動	1234 5678

⓰ 〈Aメロ〉 憧れた自分を見失わずにいたいのに気付けば	⓱ 隊形⑤ エの字型 僕らは弱いときもある 本当は	⓲ 分かってる背を向けたら僕の心が	⓳ 振り向いて踏んばってみろよって涙流してる
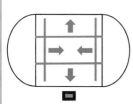	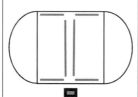		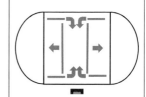
1234 5678	1234 5678 全列とも前方を向く	1234 5678 真ん中から旗を上げて送っていく	1234 5678

⓴ 誰かに任せた毎日じゃ何も変わらない	㉑ 隊形⑥ 縦12列 願って笑って夢を見て 一度 きりの僕に	㉒ 立ち向かってくんだ	㉓ 〈サビ〉 別に特別な力が あるわけじゃない
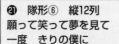	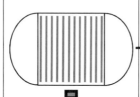		
1234 5678	1234 5678 全列とも前方を向く	1234	1234 5678 2拍で下右左右

❷❹ 諦めないって決めただけ それを信じてんだ  1234 5678 1〜8で大きく1周回し	❷❺ どれだけ続くか分からない 自分で決めた道  1234 5678 12で1周回し，34で1周回し，5で1周回し，6で1周回し	❷❻ あと少し もう少し 今を越えたくて  1234 5678 前から1拍で1周回しを後方に送っていく	❷❼ ラララ この唄連れて 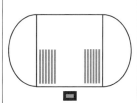 1234 5678 行進で移動。6列ずつで集まる
❷❽ 隊形⑦ 交差移動 ラララ 描いて前へ 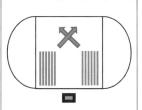 1234 5678 行進で交差するように移動	❷❾ ラララ いつかたどり着くだろう 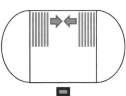 1234 5678	❸⓪ ラララ 決してやめないだけ 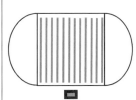 1234 5678 列を整える	❸❶ 気付かないふりをして慰めてもらっても  1234 5678 右から左。右列端から左列に送っていく
❸❷ そんなのはもうたくさんだ 時間は流れていく  1234 5678 左から右 左列端から右列に送っていく	❸❸ あと一歩あと一歩って出来ても出来なくても 1234 5678 右から左，左から右と，1〜8の間に往復する。	❸❹ 挑んでるのが自分らしく誇らしく笑えるんだ  1234 1〜8の間にゆっくりと上に上げる	❸❺  1234 5678 そのままフィニッシュ

ここがポイント！

1曲目とは異なり，様々な隊形を取り入れた演目にしています。拍子のとりやすい曲を選んでいるので，しっかりと音を聴きながら体を動かすように指導すると，全体の動きもそろっていきます。同じ技が繰り返し出てくるので，技の数は多くありません。視線や旗の角度まで指導することで，どの技も美しく見えるようになります。

高学年1曲目 「Yeah! Yeah! Yeah!」(androp)

隊形①	❶〈前奏〉	❷ Yeah Yeah Yeah	❸ Yeah Yeah Yeah
 全員外側を向いて整列する	しゃがんで待機	 1234 5678 「ロケット」 1でAの列がロケット	 1234 5678 Bの列がロケット

❹ Yeah Yeah Yeah	❺ Yeah Yeah Yeah	❻ 隊形②へ移動	❼〈間奏〉
 1234 5678 1でCの列がロケット	 1234 5678 1でDの列がロケット	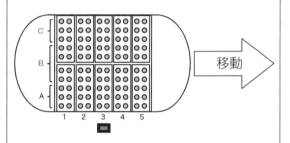 移動後は，正面を向いて整列する	8×4拍の間に移動

❽〈Aメロ〉はじけとぶストーリー	❾ 毎日の中で	❿ 理想のようには	⓫ いかない時もある　でも
 1234 5678 「持ち替え」 ①右下段　⑤持ち替え　⑧左下段 ①左下段　⑤持ち替え　⑧右下段		 1234 5678 「プロペラ持ち替え」 ①右下段　⑤プロペラ持ち替え　⑧左下段 ①左下段　⑤プロペラ持ち替え　⑧右下段	 1234 5678

⑫ 〈Aメロ〉 はじけとぶメロディー	⑬ 大切な今日にしよう	⑭ 何度も歩いては	⑮ ためらう時もある　けど
1234　5678 「フワフワ」 ①右下段　⑤フワフワ　⑧左下段 ①左下段　⑤持ち替え　⑧右下段	1234　5678	1234　5678 「ジャイアントスイング」 4拍子で回す×2回	1234　5678 「ジャイアントスイング」 2拍子で回す×3回
⑯ 〈Bメロ〉 ねぇぇぇぇ止めないでよ	⑰ ねぇぇぇぇ向こう側に	⑱ ねぇぇぇぇ光が見える	⑲ よー
1234　5678 A列目のみ 1で「払い」（後ろを向く）	1234　5678 B列目のみ 1で「払い」（後ろを向く）	1234　5678 C列目のみ 1で「払い」（後ろを向く）	1234　5678 全員で 1で「払い」（前を向く）
⑳ 〈サビ〉 君はまっすぐ前に進んでる	㉑ 君の向く方向が前になる	㉒ 立ち止まったりしても大丈夫	㉓ 高く高く跳べる助走になる
1234　5678　　1234　5678 「突き・オール・スイング」 ①突き　③オール　⑤払い（体は前→後ろ） ①突き　③オール　⑤払い（体は後ろ→前）		1234　5678　　1234　5678 「2人凸凹」 左　①しゃがむ→⑤払い→①しゃがむ→⑤払い 右　①払い→⑤しゃがむ→①払い→⑤しゃがむ	
㉔ Yeah Yeah Yeah	㉕ Yeah Yeah Yeah	㉖ Yeah Yeah Yeah	㉗ Yeah Yeah Yeah
1234　5678 「X斬り」 1～3左列目のみ	1234　5678 「X斬り」 3右～5列目のみ	1234　5678 「X斬り」 全員で	1234　5678 「Yeah」に合わせて 5で上段へ振り上げる

㉘〈Aメロ〉 はじけとぶ心	㉙ 大好きを信じて	㉚ うそばかりで	㉛ 泣きたい時もある　けど
	 右端列から1拍ずつずらしながら， 上段→中段に振り下ろす		 右端列から1拍ずつずらしながら， 中段→上段に振り上げる
㉜〈Bメロ〉 ねぇねぇねぇ負けないでよ	㉝ ねぇねぇねぇ向こう側に	㉞ ねぇねぇねぇ光が見える	㉟　※㊱省略 よー
 1234　5678 1でA列目のみ 反時計回り1と$\frac{3}{4}$回転	 1234　5678 1でB列目のみ 反時計回り1と$\frac{3}{4}$回転	 1234　5678 1でC列目のみ 反時計回り1と$\frac{3}{4}$回転	 1234　5678 オープン・中段・横構え
㊲〈サビ〉 君はまっすぐ前に進んでる	㊳ 君の行く方向に何がある	㊴ 何度だって迷って大丈夫	㊵ それが自分だけの地図になる
 1234　5678 「突き・オール・スイング」 1～3左列目のみ	 1234　5678 「突き・オール・スイング」 3右～5列目のみ	 1234　5678 「突き・オール・スイング」 1～3左列目のみ	 1234　5678 「突き・オール・スイング」 3右～5列目のみ
㊶ Yeah Yeah Yeah	㊷ Yeah Yeah Yeah	㊸ Yeah Yeah Yeah	㊹ Yeah Yeah Yeah
 1234　5678 「X斬り」 1～3左列目のみ	 1234　5678 「X斬り」 3右～5列目のみ	 1234　5678 「X斬り」 全員で	 1234　5678 5で上段へ振り上げる

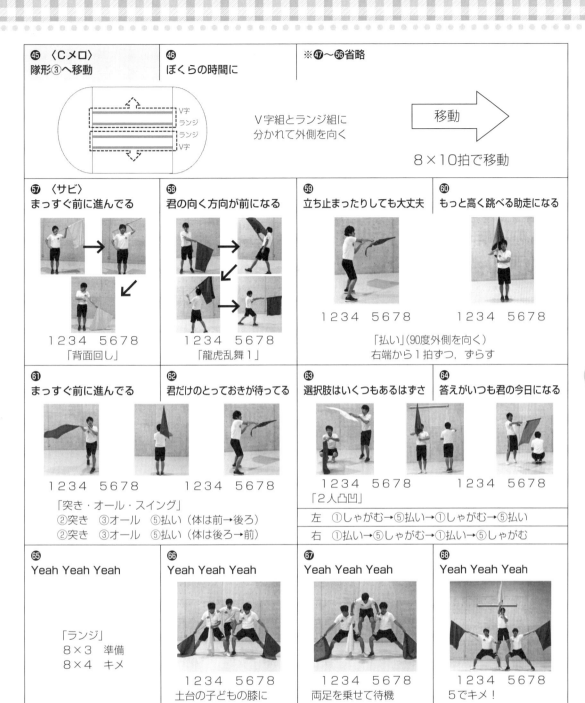

高学年2曲目 「海猿～メインテーマ～」

隊形①

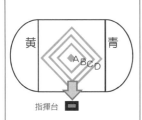

内側からA, B, C, D
右が青旗，左が黄旗
前向きしゃがんで待機

❶ 〈Aメロ①〉

1234　5678
1でA, 5でBが旗を上段
に上げる

❷

1234　5678
1でC, 5でDが旗を上段
に上げる
8で基本の構え

❸

1234　5678
1で突きをしながら行進
で隊形②へ

❹

1234　5678
隊形②へ到着後，全員前
向きで基本の構え

隊形②

隊形①よりも間隔をとる
外側向き

❺ 〈Aメロ②〉

1234　5678
1で縦切り

❻

1234　5678
1で基本の構え

❼

1234　5678
1で黄が，5で青が
縦切り

❽

1234　5678
1で基本の構え
3で上段に上げる
5で中央を向く

❾ 〈Aメロ②〉

1234　5678
1で突きをしながら
行進で隊形③へ

❿

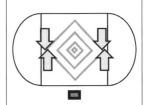

1234　5678
半分ずつ向かい合ってすれ
違うように動く

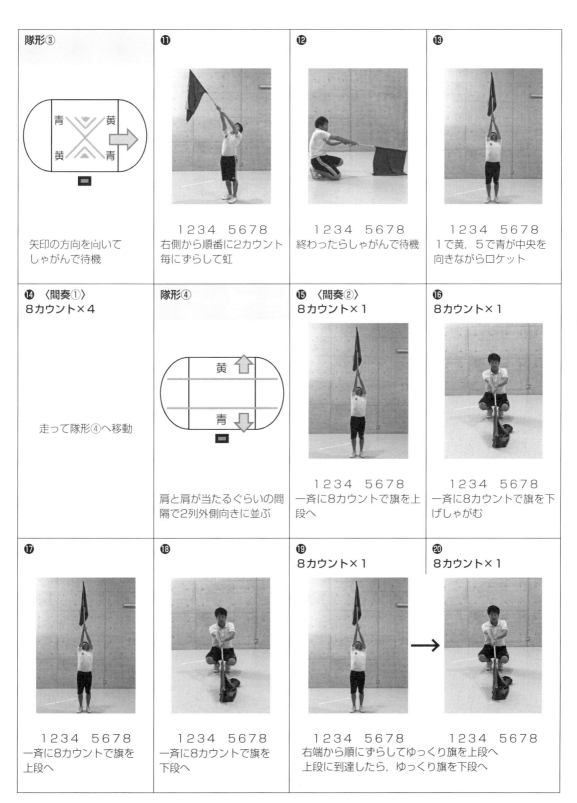

㉑ 	㉒	㉓ 〈間奏③〉 8カウント×3	隊形⑤ 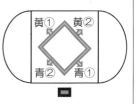
1234　5678 ずらして上段→下段を繰り返す	1234　5678	走って隊形⑤へ	1人分間隔をあける 到着後外側を向いて 基本の構え
㉔ 〈サビ①〉	㉕ 	㉖ 	㉗ 
1234　5678 1で一斉に突き 5で一斉にオール	1234　5678 1で一斉に振り下ろす 5で一斉にロケット	1234　5678 1で黄が手首返し 8で基本の構え	1234　5678 1で青が手首返し 8で基本の構え
㉘ 	㉙ 〈サビ②〉	㉚ 	㉛ 8カウント
1234 1で一斉にロケット 4でプロペラ準備	1234　5678 1から一斉にプロペラ	1234　5678 8で内側向きしゃがむ	1234　5678 1で黄①，3で黄②， 5で青①，7で青②が虹

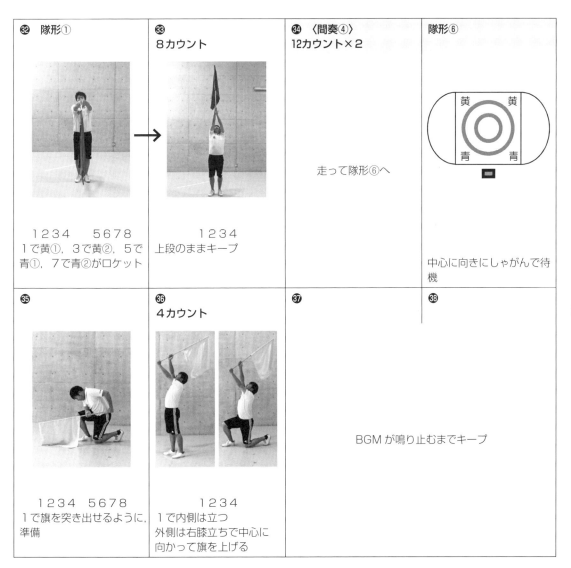

ここがポイント！

クライマックスの場面です。個人の技で個々の動きだけでなく，全体で1つのものを表現するような構成になっています。技は「ロケット」や「虹」といった簡単にできる技を使用しています。振り下ろしたり振り上げたりする単純な動きですが，隊形を変えたり，技を決めるタイミングをずらしたりすることで見栄えが変わります。

子どもたちとつくるフラッグ運動

　6年生の担任をしたときのことです。初めてつくるフラッグを使った団体演技。曲も決まり，大体の流れは決まっていましたが，ある部分に当てはまる技が思いつかず悩んでいました。そんなある日の放課後，子どもたちがフラッグを持って技の練習をしていました。子どもたちの話に耳を傾けていると，「こんな技があったらおもしろいよね」という声が聞こえてきます。だまって見ていると，練習で習った技に自分たちで工夫を加えて，楽しんでいるようでした。その様子を見て，子どもたちに技を考えさせることができるのではないだろうかと思い，次の日の練習のときにグループで考えさせてみました。試行錯誤しながらも楽しく，そして意欲的に考える子どもの姿がそこにはありました。

　発表会をすることにしました。グループによって様々で，どれも工夫されていておもしろいものばかりでした。笑顔で互いの発表を見合う様子は微笑ましかったです。同時に，改めて子どもたちの柔軟な発想に驚かされました。

　そして，いざ曲に合わせてやってみると，自分たちで考えた技を行う子どもたちの表情は，とても生き生きしていて，その日の練習はいつも以上に前向きに楽しんでいるように感じました。持ち方・持つ位置・振り方。少しの工夫で様々な技のバリエーションが生み出せるフラッグ。子どもといっしょに考え，いっしょにつくっていくことができます。

　この年の運動会に向けての取り組みを通して，フラッグならではの大きな魅力に気づくことができました。

第4章

「フラッグ運動」が初めてでも安心！
お役立ち付録

フラッグを自作する方法,「フラッグ運動」に適した隊形やおすすめの曲を紹介します。プログラムを構成する際にお役立てください。

誰でも簡単！フラッグのつくり方

〈準備する材料〉 ●サテン生地

※サテン生地には種類があります。
光沢や厚みなど，適したものを選んで使用して下さい。

●棒（長さ125cm，直径18mm）
●ボンド

（1）生地を切る。

（縦70cm 横90cm）

＊はさみで切り込みを入れ，左右に力強く引っ張って裂く。
向きによっては裂けないので，はさみかカッターを使う。

①まず70cmに切る。

②生地を右に90度回転させ，90cmに切る。

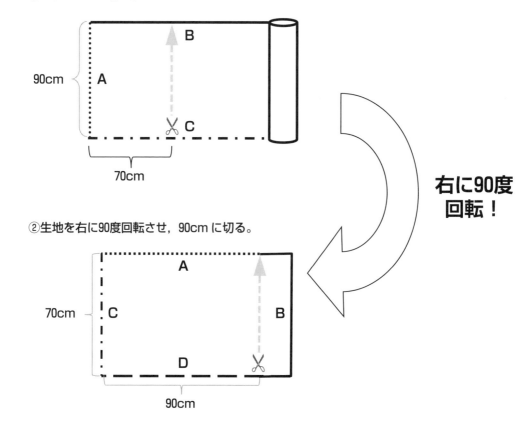

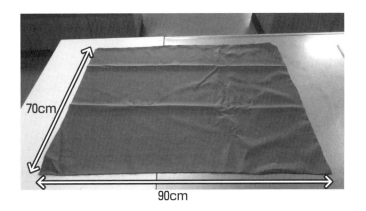

（2）三つ折り縫いをする。

①アイロンをかける。

（ア）C・A・Dの3辺を，1cm幅で2回折り，アイロンをかける。

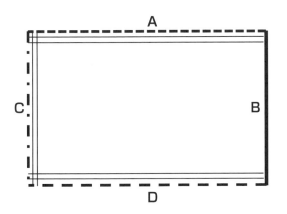

（イ）Bの辺（棒が入る部分）は，まず1cm幅で1回折ってアイロンをかけ，（そのままだと糸がほつれやすいため）そこから袋状になるように4cm幅でもう一度折ってアイロンをかける。

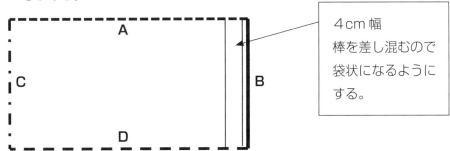

4cm幅
棒を差し混むので袋状になるようにする。

（注）サテン生地は高温でアイロンがけすると溶ける場合があるので，温度は弱～中に設定します。

②ミシンで縫う。

（ア）C・A・Dの折り目をつけたところをミシンで縫う。

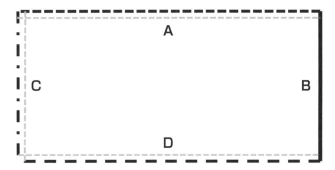

（イ）Bの辺（棒が入る部分）の折り目をつけたところをミシンで縫う。

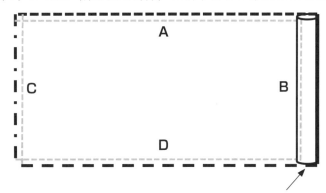

（注）この部分は棒を通すので閉じないようにする。

（3）Bの辺の袋状になった部分に棒を通して完成。

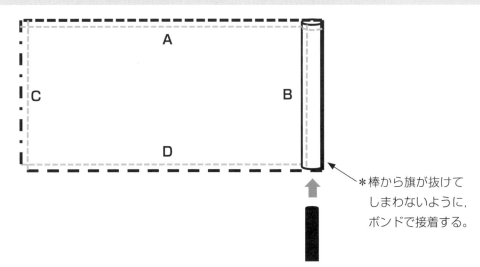

＊棒から旗が抜けてしまわないように，ボンドで接着する。

ひと目でわかる！隊形紹介

1つの技でも，向きや並び方で違った印象になります。効果的な「魅せ方」を考えるうえで，隊形はとても重要な要素です。技や動きを，効果的に見せる隊形を選択しましょう。

図の見方
- 楕円はトラック線
- 下側が指揮台（指導者側）
- 左側が入場門，右側が退場門
- 点線の太線は移動前，太線は移動後の隊形
- 太点線は移動を，細い矢印は体の向いてる方向を表す。

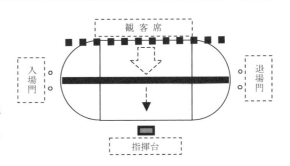

第1場面（オープニング）

① **「メンバー紹介」の意味を大切にしたオープニング**

「このメンバーで創り上げます！」という気持ちを伝えることを主な目的として，全員の顔が見える入場・隊形がおすすめです。

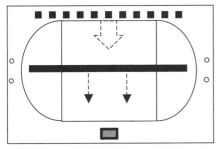

● 観客席側1列に並ぶ。⇒中央に並ぶ。

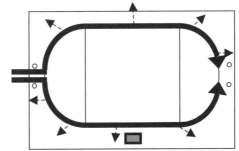

● 入場門から前後に分かれて入場⇒トラック上に並ぶ。

② **集団のまとまりを示すオープニング**

「みんなで心ひとつに，これからつくり上げます！」という姿勢を伝えることを主な目的とし，集団行動などのまとまりのある演技に適した隊形から始める方法もあります。

＊「さぁやるぞ！」という気持ちを表現するために，全員で声を出す演出もできます。

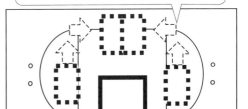

● 大きな2つの塊の移動

第4章 「フラッグ運動」が初めてでも安心！お役立ち付録

第2場面

第2場面は，たくさんの技に取り組み，バリエーションも多様です。
それぞれの隊形でできることや特長と，技の見せ方を考え併せて選択してください。

① 1人技

基本的な技が多いからこそ，完成度はもちろんのこと，"全体がそろう"ことが大切になってきます。「一斉にそろう」「ずらして流れるような動き」などが見てわかる隊形がおすすめです。

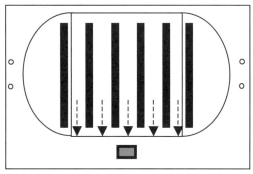

●縦1列

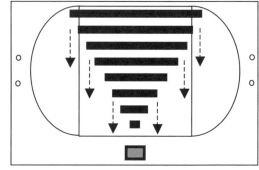

●横1列

② 2人技～多人数技

人数の多い場合や2人組の際には，二重円や2列の隊形を選択することで，雰囲気を変えることができます。円の隊形は右回りや左回りの回転，円の大きさを伸縮させたりすることもできます。

直線を組み合わせた隊形は，中央や端から波を伝わらせたり，列ごとに完成をずらしたり，列の直線を維持したまま移動したりできます。

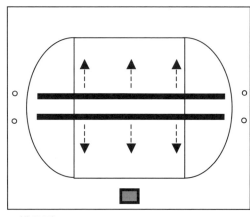

●横2列

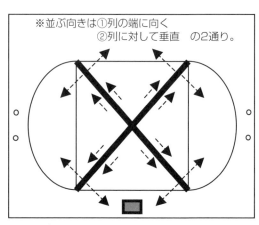

●エックス

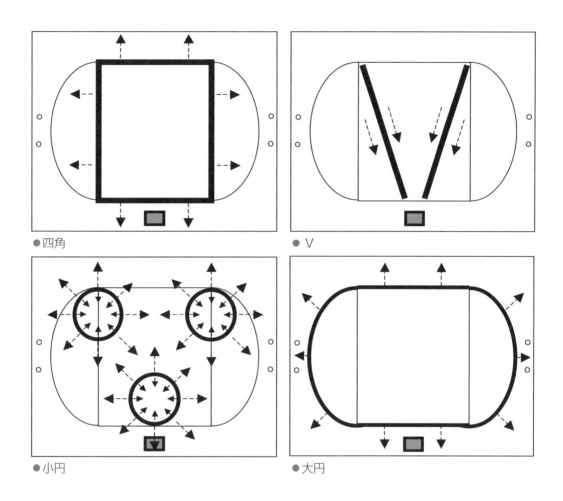

● 四角　　●V

● 小円　　●大円

第3場面（フィナーレ）

最後は全員で1つのまとまった形をつくり，ダイナミックさ，一体感を表現できる隊形がおすすめです。同時に，子どもの達成感に満ちた表情や姿が伝わるような隊形がよいですね。

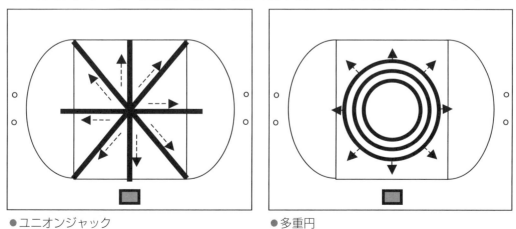

● ユニオンジャック　　●多重円

ぜひおすすめ！選曲リスト

曲は，演技全体の表情を決めます。同じ技でも，流れる音楽によって，印象が全く違うものになります。多くの曲の中から，設定したテーマや場面のコンセプトに合う曲を選ぶのは，時間のかかる作業ですが，とても重要です。子どもにとってリズムがとりやすく，タイミングがつかみやすいか，場面のコンセプトに合っているかなど，子どもの実態や全体の構成に応じて選曲しましょう。

	「曲名」 アーティスト・作者名 （アルバム名）
1場面	「HERO～Main Theme～」（HERO オリジナルサウンドトラック） 「STAR WARS Main Title」（STAR WARS オリジナルサウンドトラック） 「Miss PILOT　OPENING TITLE」（Miss PILOT オリジナルサウンドトラック） 「SP 警視庁警備部警護課第四係 テーマ」 　　　　　　（SP 警視庁警備部警護課第四係　オリジナルサウンドトラック） 「vs.～知覚と快楽の螺旋～」（ガリレオ オリジナルサウンドトラック） 「ルパン三世のテーマ」（ルパン三世ベスト・サウンド・トラック集） 「Miserlou」dick dale & His Deltones（TAXi，パルプフィクションのオープニングテーマ） 「踊る大捜査線のテーマ」 「brand new world」D51 「ツヨクツヨク」mihimaru GT 「your own miracle」ruby tuesday 「Eye of the tiger」survivor 「We Will Rock You」Queen 「情熱大陸」葉加瀬太郎 「Because we can」Fatboy Slim 「The Rockafeller Skank」Fatboy Slim 「非情のライセンス」渡辺岳夫（キーハンター　オリジナルサウンドトラック） 「ジンギスカン」Dschingihis Khan 「踊るポンポコリン」BB クイーンズ 「ドレミファだいじょーぶ」BB クイーンズ
2場面	〈テンポのはっきりした曲〉 「yeah yeah yeah」androp 「ワタリドリ」Alexandros 「会いたかった」AKB48 「じょいふる」いきものがかり 「恋」星野 源 「ultra soul」B'z 「360°」miwa 「Beautiful」Superfly 「BON VOYAGE！」BON BON BLANCO 「ココロの地図」BOYSTYLE 「ファッションモンスター」きゃりーぱみゅぱみゅ 「君の瞳に恋してる -Can't Take My Eyes Off You」三代目 J Soul Brothers

	「学園天国」Dream5 「バンビーナ」布袋寅泰 「シュガーベイビーラブ」THE RABETTES 「 Are You Gonna Be My Girl 」Jet 「 Viva la vida 」Coldplay 「 GO　WEST 」PET SHOP BOYS 「 Footloose 」Kenny Loggins 「あなたのとりこ」シルヴィ・バルタン 「 with you 」ゆず 「 It's my life 」BON JOVI
	〈スローテンポな曲〉 「 for.N vocal versioN 」（Nのために　サウンドトラック） 「父のレシピ～洋食アリアケ～」（流星の絆　オリジナルサウンドトラック） 「小公女セイラ　メインテーマ」（小公女セイラ　オリジナルサウンドトラック） 「ひまわり」葉加瀬太郎（ THE BEST OF TARO HAKASE ） 「 THE SONG OF LIFE 」（イマージュ） 「炎のランナーのテーマ」（炎のランナー　オリジナルサウンドトラック） 「生命の息吹」杉本竜一（NHK 生き物地球紀行　サウンドトラック） 「 JIN －仁－ Main Title 」高見優（ JIN －仁　オリジナルサウンドトラック） 「 Summer 」久石譲（菊次郎の夏　サウンドトラック）
3場面	「 ATTENTION PLEASE メインテーマ」 「 DEPARTURE 」（ GOOD LUCK!!　オリジナルサウンドトラック） 「空高くタンブリング！」（タンブリング　オリジナルサウンドトラック） 「外交官・黒田康作メインテーマ」（外交官・黒田康作　オリジナルサウンドトラック） 「 The Vulture 」（ハゲタカ　オリジナルサウンドトラック） 「パイレーツ・オブ・カリビアンのテーマ」 「シンクロ Bom-Ba-Ye 」（ WATER BOYS　オリジナルサウンドトラック） 「 Courage 」佐藤直紀（海猿　オリジナルサウンドトラック） 「龍馬伝のテーマ」佐藤直紀（龍馬伝　オリジナルサウンドトラック） 「 ROOKIES 」高見優（ ROOKIES　オリジナルサウンドトラック） 「 Precious 」伊藤由奈 「 The Summer Wars 」（サマーウォーズ　オリジナルサウンドトラック）
退場曲	「始まりの唄」GReeeeN 「遥か」GReeeeN 「栄光の架け橋」ゆず 「友～旅立ちの時～」ゆず 「ありがとう」いきものがかり 「あとひとつ」FUNKY MONKEY BABYS 「ありがとう」FUNKY MONKEY BABYS 「瞳」大原櫻子 「 GIFT 」Mr.Children 「祈り」Mr.Children

【著者紹介】

関西体育授業研究会

2009年に「体育科の地位向上」を合言葉に発足。
大阪教育大学附属池田小学校に事務局を設置。
メンバーは，大阪を中心に滋賀，兵庫，奈良，福井，和歌山，広島などの教員で構成される。
月1回程度，定例会を開催し，「体育科の授業力向上」をテーマに研究を進めている。
また，毎年7月に団体演技研修会，11月に研究大会を開催。

〈著書〉
『子どもも観客も感動する！「組体操」絶対成功の指導BOOK』
『すべての子どもが主役になれる！「ボール運動」絶対成功の指導BOOK』
『学び合いでみんなが上達する！「水泳」絶対成功の指導BOOK』
『クラスの絆がグッと深まる！「なわとび」絶対成功の指導BOOK』
『導入5分が授業を決める！「準備運動」絶対成功の指導BOOK』
『学級力が一気に高まる！絶対成功の体育授業マネジメント』
（以上，明治図書）

【執筆者一覧】

関西体育授業研究会　著

垣内幸太（箕面市立萱野小学校）	松本宏紀（箕面市立豊川南小学校）
日野英之（箕面市立西小学校）	藤井陸平（箕面市立止々呂美小学校）
妹尾真吾（箕面市立豊川北小学校）	篠原　崇（箕面市立止々呂美小学校）
玉田純一（箕面市立豊川南小学校）	新居　達（箕面市立北小学校）

●DVDビデオを使用される際のご注意

・DVDビデオは映像と音声を高密度に記録したディスクです。DVDビデオ対応のプレイヤーで再生してください。パソコン等での再生では，その仕様や環境により，不具合を発生する場合があります。詳しい再生上の取扱については，ご使用になるプレイヤー等の取扱説明書をご覧ください。
・本DVDビデオの著作権は，明治図書出版株式会社及び制作者に帰属します。この著作権は法律により保護されています。本DVDビデオの全部または一部を他人へ譲渡・販売・再配布すること，授業以外の目的で無断で転載・引用・複製することなどは禁止いたします。
・明治図書出版株式会社及び各著作権者は，本DVDビデオを使用した結果に発生した，あるいは使用できないことによって発生したいかなる損害についても責任を負いかねます。

団体演技でみんなが輝く！
「フラッグ運動」絶対成功の指導BOOK

2017年7月初版第1刷刊　Ⓒ著　者　関西体育授業研究会
2024年8月初版第9刷刊　　発行者　藤　原　光　政
　　　　　　　　　　　　　発行所　明治図書出版株式会社
　　　　　　　　　　　　　http://www.meijitosho.co.jp
　　　　　　　　　　　　　（企画）木村　悠（校正）㈱東図企画
　　　　　　　　　　　　　〒114-0023　東京都北区滝野川7-46-1
　　　　　　　　　　　　　振替00160-5-151318　電話03(5907)6702
　　　　　　　　　　　　　　　　　　　ご注文窓口　電話03(5907)6668
＊検印省略　　　　　組版所　ライラック株式会社

本書の無断コピーは，著作権・出版権にふれます。ご注意ください。

Printed in Japan
JASRAC 出 1706077-409
ISBN978-4-18-093210-8

もれなくクーポンがもらえる！読者アンケートはこちらから　→